第 13 卷（2023）

盛京法律评论

SHENGJING LAW REVIEW

主编　郭洁

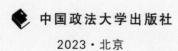
中国政法大学出版社

2023·北京

图书在版编目（CIP）数据

盛京法律评论. 第 13 卷/郭洁主编. —北京：中国政法大学出版社，2023.6
ISBN 978-7-5764-0937-6

Ⅰ.①盛⋯　Ⅱ.①郭⋯　Ⅲ.①法律－文集　Ⅳ.①D9-53

中国国家版本馆 CIP 数据核字（2023）第 104333 号

出 版 者　　中国政法大学出版社

地　　址　　北京市海淀区西土城路 25 号

邮寄地址　　北京 100088 信箱 8034 分箱　邮编 100088

网　　址　　http://www.cuplpress.com（网络实名：中国政法大学出版社）

电　　话　　010－58908586(编辑部) 58908334(邮购部)

编辑邮箱　　zhengfadch@126.com

承　　印　　北京九州迅驰传媒文化有限公司

开　　本　　720mm×960mm　　1/16

印　　张　　12

字　　数　　220 千字

版　　次　　2023 年 6 月第 1 版

印　　次　　2023 年 6 月第 1 次印刷

定　　价　　59.00 元

目　录

CONTENTS

CONTENTS

【地方立法】

生态环境地方立法的问题与对策研究
——基于辽宁省地方立法的考察

郭　洁　鞠成轩*

内容摘要：地方环境立法是指导地方环境治理，推动地方经济与环境相协调的制度性保障。总结十八大以来辽宁省地方法规和规章的数据及其发展趋势可以发现，辽宁省地方立法在保护本区域生态环境，依法规范政府生态环境执法，维护生态环境公共利益，促进社会经济可持续发展方面发挥了突出的作用。随着生态环境治理体制的强化，地方立法获得了广泛的制度空间，需要强化地方立法的特色性和本地服务的功能，并跟进国家生态文明建设的进程，补齐地方立法的短板，提升地方立法的科学性和可行性。

关键词：地方立法　生态文明　辽宁省　制度创新

十八大以来，党中央提出"五位一体"的美丽中国发展战略。生态文明建设位于五个战略之首。而生态文明建设具有本地化的特点，因为很多地区的环境污染和生态破坏等问题日益严重，且显现

---

　　* 作者简介：郭洁，辽宁大学法学院教授，研究方向：自然资源法；鞠成轩，辽宁大学经济法博士研究生，研究方向：经济法学。

出地方性、复杂性的特点。在中央立法不可能"靶向治疗"地方特殊生态环境问题的严峻现实下，地方环境立法必须要厘革其旧有的样貌，承担起建设美丽家园、供给地方特色生态产品的责任。❶"政府要充分发挥公共政策制定和执行的主体作用，通过参与立法、制定一系列规章制度，实现科学决策、民主决策，形成比较完整的生态文明建设政策体系。"❷随着地方事权的下移和地方立法权在《立法法》❸修订后的扩大，地方立法在生态环境保护中发挥着重要的作用。本文将通过分析十八大以来辽宁省地方立法文本，展示地方立法的特殊样本和存在的提升空间，以便为健全地方生态文明立法提供可行的建议。

一、党的十八大以来辽宁省生态环境领域地方立法总体情况

党的十八大以来，辽宁省人大常委会坚定地践行习近平生态环境思想，"绿水青山就是金山银山"，以碳达峰、碳中和为目标，深入实施蓝天、碧水、青山、净土、农村环保"五大工程"。随着省一级和市一级生态环境保护立法活动的大力开展，生态环境得到了明显的改善。

（一）辽宁省生态环境领域立法数量、立法结构分析

1. 纵向的数量、结构分析

以立法层级为纵向标准分析，生态环境领域已经逐步成为辽宁省省级和下辖设区的市级立法的重点领域。自 2012 年至 2022 年 5

---

❶ 参见张仲旺："地方环境立法的羸弱与纾解"，载《湖南警察学院学报》2020 年第 2 期，第 60 页。

❷ 参见中国生态文明研究与促进会组织编写：《生态文明建设（理论卷）》，学习出版社 2014 年版，第 364 页。

❸《立法法》，即《中华人民共和国立法法》，为表述方便，本书中涉及我国法律，直接使用简称，省去"中华人民共和国"字样，全书统一，后不赘述。

月 31 日，省人大、省政府以及下辖的 14 个设区的市共制定生态环境法规/规章 181 部，共修订生态环境法规/规章 173 次。❶

（1）省级的立法数量。在省级立法层面，2012 年以来，省人大制定生态环境领域法规 23 部，修订 53 次。省人民政府制定生态环境领域规章 8 部，修订 58 次。省人大与人民政府共制定法规/规章 31 部，修订法规/规章 111 次，总立法数量（制定数量+修订次数）142。从十八大至 2022 年 5 月 31 日，在这期间，辽宁省新制定的或被修订过的法规、规章共有 77 部。

（2）市级的立法数量。在 2015 年 10 月之前，辽宁省仅有沈阳市、大连市、鞍山市、抚顺市、本溪市这五个规模较大的市享有地方立法权。2015 年 9 月召开的辽宁省第十二届人大常委会第二十一次会议表决通过了《辽宁省人民代表大会常务委员会关于确定九个设区的市人民代表大会及其常务委员会开始制定地方性法规的时间的决定》，丹东、锦州、营口、阜新、辽阳、铁岭、朝阳、盘锦、葫芦岛市人民代表大会及其常务委员会自 2015 年 10 月 1 日起可以开始制定地方性法规。这意味着，从 2015 年 10 月起，辽宁省 14 个设区的市全部享有地方立法权。自十八大以来，截至 2022 年 5 月 31 日，各市生态环境领域的立法情况如下：沈阳市制定 25 部，修订 16 部；大连市制定 25 部，修订 17 部；鞍山市制定 18 部，修订 10 部；本溪市制定 18 部，修订 5 部；朝阳市制定 4 部，无修订；丹东市制定 4 部，修订 2 部；抚顺市制定 10 部，修订 3 部；阜新市制定 6 部，无修订；葫芦岛市制定 11 部，修订 2 部；锦州市制定 9 部，修订 1 部；辽阳市制定 5 部，修订 1 部；盘锦市制定 4 部，修订 1 部；铁岭市制定 4 部，无修订；营口市制定 8 部，修订 4 部。市级层面共制定 151 部法规/规章，修订 62 部。至今为止，辽宁省市级制定或修订法规/规章现共有 152 部。

---

❶ 本文统计数据来源：国家法律法规数据库、北大法宝数据库、辽宁省人大常委会官方网站，检索时间 2022 年 5 月 31 日。统计修订法规/规章数量时，对同一法规/规章进行多次修订的，每一次修订单独计算。

表1　十八大以来辽宁省各市级生态环境领域立法统计表

立法城市	市级人大制定/修订法规数量	市级政府制定/修订规章数量	各市制定/修订数量总计
沈阳	13/9	12/7	25/16
大连	12/7	13/10	25/17
鞍山	12/7	6/3	18/10
抚顺	7/2	3/1	10/3
本溪	10/2	8/3	18/5
丹东	4/2	0/0	4/2
锦州	6/1	3/0	9/1
营口	4/2	4/2	8/4
阜新	6/0	0/0	6/0
辽阳	3/1	2/0	5/1
盘锦	4/1	0/0	4/1
铁岭	4/0	0/0	4/0
朝阳	3/0	1/0	4/0
葫芦岛	4/1	7/1	11/2

（3）辽宁省生态环境领域立法数量分析。

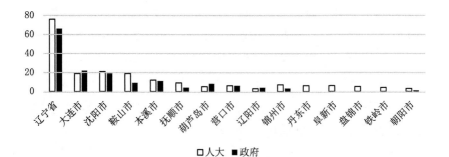

图1　十八大以来辽宁省各市生态环境立法对比图

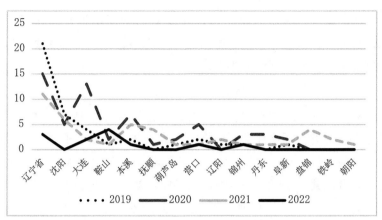

图 2　2012–2018 年辽宁省各市年生态环境领域立法统计图

首先，从图 1 中可以看出，统计期间，辽宁省省级人大和省政府已经成为生态环境立法的绝对主力军，其立法数量远远高于下辖各市。其次，在辽宁省省级立法层面，省级人大的法规数量要高于省级政府。再次，各市之间立法数量差距较大，数量较多的市，如沈阳市、大连市，共制定/修订 40 余部，而数量少的市，如铁岭市、朝阳市，仅制定/修订 4 部。最后，在市级立法层面，市级人大与市级政府在制定/修订数量上总体比较接近。

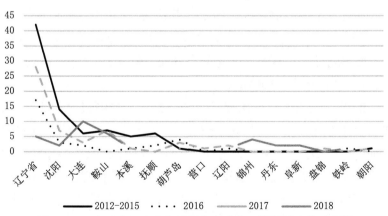

图 3　2018 年至今辽宁省各地区每年生态环境领域立法对比图

从图2和图3中可以看出，辽宁省省级立法数量常年高于市级，而沈阳、大连、鞍山、本溪这几个规模较大城市的生态环境立法数量又常年高于规模较小的市。

2. 横向数量、结构分析

从横向立法结构来看，省市两级生态环境领域地方立法主要可以分为三大类：环境保护制度类、生态保护制度类、自然资源利用与保护制度类。十八大以来，辽宁省省级新制定或被修订过的法规、规章现共有77部，其中环境保护类28部，包含污染防治、人居环境保护、废弃物处理、自然灾害应对等方面，比较具有代表性的有《辽宁省环境保护条例》《辽宁省水污染防治条例》《辽宁省大气污染防治条例》等。生态保护类共25部，包含水生生态保护、森林生态保护、湿地生态、动植物保护等方面，比较具有代表性的有《辽宁省水土保持条例》《辽宁省水文条例》《辽宁省实施〈中华人民共和国森林法〉办法》等。自然资源利用与保护类共24部，包含对水、土地、矿产等资源的合理利用和保护，比较具有代表性的有《辽宁省实施〈中华人民共和国土地管理法〉办法》《辽宁省地下水资源保护条例》《辽宁省矿产资源管理条例》。

在现有市级制定或修订的152部法规/规章中，环境保护类共有81部，在内容上与省级立法相同，包含污染防治、人居环境保护、废弃物处理、自然灾害应对等方面。例如，《大连市环境保护条例》《沈阳市水污染防治条例》。

市级制定或修订生态保护类共43部，与省级立法不同，除包含水生生态保护、森林生态保护、湿地生态、动植物保护等方面外，市级生态保护立法还偏向于对特定生态保护区的保护。例如，《大连斑海豹国家级自然保护区管理办法》《本溪市太子河景区管理条例》《沈阳市棋盘山风景名胜区管理办法》等。

自然资源利用与保护类的市级立法共28部，除包含对水、土

地、矿产等资源的合理利用和保护外，市级立法往往更加注重对具
体保护领域的细化。例如，土地资源保护领域下的耕地资源保护
（《沈阳市耕地质量保护条例》），自然资源保护领域下的地热水资
源（《丹东市地热水资源保护管理条例》）、再生水资源（《沈阳市
再生水利用管理办法》）、温泉水资源（《阜新市温泉水资源保护
条例》）保护。

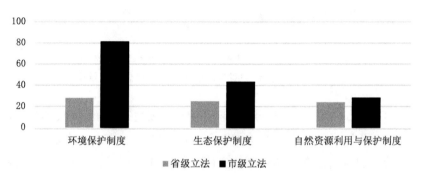

图4　省市两级现有生态环境制度领域分布情况

从图4中可以看出，在省级层面，各个领域现有的法规、规章
数量较为均衡。但在市级层面，生态保护制度、自然资源利用与保
护制度在数量上明显少于环境保护制度。在环境保护制度方面，市
级现有的法规、规章远多于省级，而在生态保护制度、自然资源利
用与保护制度方面，省级与市级新制定的法规、规章数量较为接
近。同时，可以发现三类制度各自的总体数量呈递减的趋势，环境
保护制度最多，其次是生态保护制度，自然资源利用与保护制度
最少。

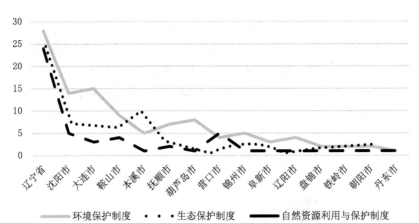

图5 十八大之后辽宁省各地区生态环境领域立法结构图

从图 5 中可以看出,辽宁省现有的省级生态环境法规、规章数量在三类制度间分布较为均衡,而沈阳、大连、鞍山、本溪几个规模较大的市则存在三类制度的失衡,例如沈阳市、大连市的环境保护制度明显多于其余两类制度。而规模较小的市则面临三类制度在数量上的不足。

(二) 创新立法形式的典型做法

1. 理念创新:防治森林线虫的"小切口"立法

辽宁省是林业有害生物灾害多发的地区。最近几年,松材线虫、美国白蛾、红脂大小蠹等外来有害生物传入,病害尤其以森林线虫为重。根据辽宁省林草局的立法动议,辽宁省人大启动专项立法程序。2022 年 6 月 7 日,省政府将《辽宁省林业有害生物防治条例(草案)》提请省人大常委会初审,同年 7 月 27 日第十三届人大常委会第三十五次会议表决通过。该条例体现了"小切口"立法的理念。首先,立法周期短、效率高。为 2022 年 10 月 1 日《辽宁省林业有害生物防治条例》的施行做出了充分的准备。其次,结合松材线虫病疫情发生特点,《辽宁省林业有害生物防治条例》专门对松材线虫病防治作出了规定,结合松材线虫病疫情发生特点,

《辽宁省林业有害生物防治条例》以 7 个专门条款对松材线虫病防治体系作出了规定，有针对性地配置专门的防治措施和制度。再次，发挥细化上位法的作用。1989 年国务院《森林病虫害防治条例》出台较早，只规定了病虫害防治，未涉及有害生物及其制品；2020 年《生物安全法》没有专门规定森林生物安全的内容。《辽宁省林业有害生物防治条例》以森林有害生物防治为规范对象，规定了预防、检疫、除治、监督管理、法律责任等方面的具体事项，使辽宁省森林有害生物的防治有规可依，落到实处。

2. 立法模式创新：以辽河流域范围作为立法涵摄对象

辽河是辽宁省的母亲河。为了做好辽河、凌河生态保护和恢复工作，辽宁省委、省政府于 2010 年分别划定了辽河、凌河保护区，成立了辽宁省辽河、凌河保护区管理局，并相继制定了《辽宁省辽河流域水污染防治条例》（失效）、《辽宁省辽河保护区条例》（失效）、《辽宁省凌河保护区条例》（失效）等地方法规，出台了《辽宁省城市污水处理费征收使用管理办法》《辽宁省污水处理厂运行监督管理规定》（失效）等政府规章，出台了严于国家标准的《辽宁省污水综合排放标准》。2014 年辽宁省辽河保护区管理局和凌河保护区管理局整合为省辽河凌河保护区管理局；2016 年 2 月，将省辽河凌河保护区管理局由省政府直属调整为由辽宁省水利厅管理。通过设立辽河、凌河保护区，在保护区范围内统一依法行使环保、水利、国土资源、交通、农业、林业、海洋与渔业等部门的监督管理和行政执法职责，实现了河流治理和保护工作体制与机制的创新。这项举措为全国河流管理开启了一个新模式，同时也为建设生态河流，实现系统化、科学化的河流管理，恢复河流健康打开了新局面。通过这一创新举措，辽河凌河生态环境大幅好转，辽河流域治理已经取得阶段性成效，由重度污染改善为中度污染。

3. 立法机制创新：浑河跨地区协同立法

浑江是鸭绿江水系最大支流，流经辽宁省本溪市桓仁满族自治县、丹东市宽甸满族自治县和吉林省白山市、通化市。为持续保护和改善浑江流域生态环境，2021 年，辽宁省第十三届人大常委会分别审议批准了《桓仁满族自治县浑江流域水环境保护条例》和《宽甸满族自治县浑江流域水环境保护条例》。

这一特点体现在辽宁省四地的地方立法之中。2019 年 12 月，辽宁省本溪市、丹东市、吉林省白山市、通化市人大常委会共同签署浑江流域跨区域协同立法等框架协议，建立起了四地协同立法联动监督联席会议等协调机制，通过信息和立法成果共享，最大限度地推进立法计划顺利进行。

2021 年 7 月 27 日，辽宁省第十三届人大常委会第二十七次会议批准了《宽甸满族自治县浑江流域水环境保护条例》。此前，吉林省白山市、通化市和辽宁省桓仁满族自治县的浑江流域水环境保护条例，已分别开始实施。这标志着辽宁省首部两省四地跨区域协同立法项目全部完成。这一部协同立法的特色在于，建立了领导协调工作机制；建立与相邻地区共享共建的联动机制；明确了浑江流域水环境保护三个"纳入"——纳入地方国民经济和社会发展规划，明确了经费保障；纳入年度环境状况报告，不仅接受人大监督，还向社会公开；纳入河长制考核考评内容，考核结果向社会公布。

4. 立法内容创新：回应生态文明改革的先行立法

第一，继厦门市之后，出台《沈阳市多规合一条例》。土地用途管制的"多规合一"是强化规划管理协同，改善营商环境的改革措施。2016 年《厦门经济特区多规合一管理若干规定》由厦门市第十四届人大会务委员会第三十五次会议审议通过。2018 年沈阳市人大出台的《沈阳市多规合一条例》在市一级立法层面推出了城市的"多规合一"地方性法规。《沈阳市多规合一条例》完整界定了沈阳版"多规合一"的概念内涵，在全国具有重要的影响。基本内容是建立以战略规划为引领，统筹协调国民经济和社会发展规划、城市总体规划、土地利用总体规划、环境保护规划等涉及空间的规划，形成一张协调一致的蓝图，构建建设项目全生命周期业务协同和信息共享平台，完善建设项目的生成与审批流程制度体系。沈阳市"多规合一"立法促进了行政审批"放管服"改革，为辽宁省落实国土空间规划立法提供了制度准备。

第二，《沈阳市生态保护红线管理办法》。2014 年 12 月，沈阳市政府出台了《沈阳市生态保护红线管理办法》，成为全国首批颁布实施生态保护红线管理办法的城市。《沈阳市生态保护红线管理办法》规定，生态保护红线区中，自然保护区的核心区和缓冲区、重要生态保护地的红线区、饮用水水源保护区的一级保护区等具有重要保护意义的区域划为一类保护区，其他具有较重要保护意义的区域划为二类保护区。除市政府批准建设的重大基础设施工程和公共服务设施工程外，禁止在一类保护区内建设与生态保护无关的项目；二类保护区内除上述工程及不破坏主体生态功能的生态农业、旅游等设施外，不得建设其他项目。《沈阳市生态保护红线管理办法》明确了 7 项禁止行为及相关处罚。生态保护红线是生态环境安全的底线。《沈阳市生态保护红线管理办法》的红线划定规则为辽宁省建立最为严格的生态保护制度提供了立法样本。

（三）占比及立法趋势情况

1. 省人大生态环境领域立法数量占省级总立法数量的比例

表 2　辽宁省生态环境领域立法数量占省级立法数量比例统计表

颁布年份	省人大制定/修订数	省级年度立法数	占比
2012	2/1	11/4	18.2%/25%
2013	1/0	10/2	10%/0
2014	2/10	8/35	25%/28.6%
2015	2/3	9/11	22%/27.3%
2016	0/4	9/9	0/44%

颁布年份	省人大制定/修订数	省级年度立法数	占比
2017	6/10	13/17	46%/58.9%
2018	4/7	11/12	57%/58%
2019	2/2	11/13	18.2%/15.4%
2020	3/13	16/39	19%/33%
2021	2/0	13/7	15.4%/0
2022	0/3	2/11	0/27.3%
总计	23/53	116/160	19.8%/33%

表 3　省政府生态环境领域规章数占省规章比例统计表

颁布/修订	省规章制定/修订数	省年规章立法数	占比情况
2012	1/0	5/0	20%/0
2013	1/4	8/12	12.5%/33%
2014	2/7	5/17	40%/41.2%
2015	1/4	6/11	16.7%/36.4%
2016	0/7	3/22	0/31.8%
2017	1/12	10/24	10%/50%
2018	2/3	7/4	28.6%/75%
2019	0/1	5/5	0/20%
2020	0/1	5/6	0/16.7%
2021	0/19	2/41	0/46.3%
总占比	8/58	56/142	14.3%/40.9%

2. 市级生态环境领域立法占市级立法比例

表4　市级生态环境领域立法占市级立法比例统计表

城市	市人大制定/修订法规占比	市政府制定/修订规章占比
鞍山	27.3%/58%	26%/27%
本溪	27%/20%	19%/27%
朝阳	30%/0	12%/0
大连	21%/30%	11%/18%
丹东	33.3%/100%	0/0
抚顺	17.9%/50%	7%/8%
阜新	67%/0	0/0
葫芦岛	40%/100%	25%/100%
锦州	37.5%/100%	23%/0%
辽阳	31%/100%	57%/100%
盘锦	36%/100%	0/0
沈阳	21.7%/43%	19%/47%
铁岭	57%/0	0/0
营口	22.2%/40%	23%/67%

　　通过表4统计数据比较可见，在十八大以后，生态环境立法是辽宁省立法工作的重点，生态环境立法在整体立法中占据较高比例。无论在省级层面还是市级层面，人大生态环境立法占总立法的比例均高于政府。同时，也可以看出，市级政府在生态环境立法方面仍有不足，丹东、阜新、盘锦、铁岭均出现生态环境立法占总立法比例为0%的情况。

3. 其他占比情况

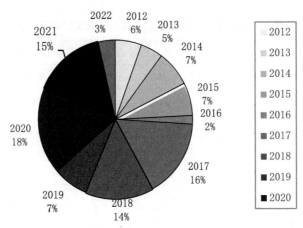

图6　辽宁省各年份生态环境立法数量占比情况

从图6中可以看出，辽宁省生态环境立法数量占比呈现逐年上升的态势，生态环境立法工作成果主要集中在2017年至今。从2017年开始，每年的立法数量占比明显上升。

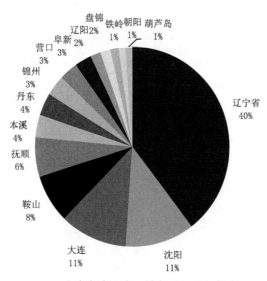

图7　辽宁省各市生态环境领域立法数量占比

从图 7 中可以看出，省一级的生态环境立法数量占据了总量的大部分，其次是沈阳、大连、鞍山、本溪等规模较大的市的立法，而剩余的规模较小的市则在生态环境立法数量上大幅落后。

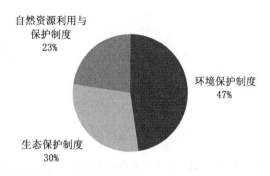

图8 辽宁省现行生态环境立法中三大领域的占比

从图 8 中可以看出，在辽宁省现行的生态环境领域立法中，环境保护立法的数量占比最高，达到了将近一半的水平，而生态环境保护制度、自然资源利用与保护制度则稍显弱势。

4. 立法趋势

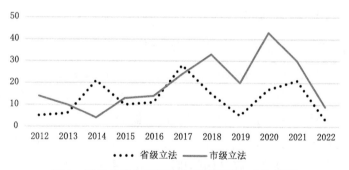

图9 辽宁省省市两级生态环境领域立法趋势图

图 9 显示，辽宁省省级生态环境立法在 2014 年、2017 年和2021 年达到波峰，在 2015 年、2016 年和 2019 年陷入波谷。而市

级立法在 2018 年和 2020 年达到波峰，在 2014 年和 2019 年陷入波谷。而从图 9 表现的趋势来看，2021 年至 2022 年这一时期辽宁省省级、市级生态环境立法数量均在下滑。

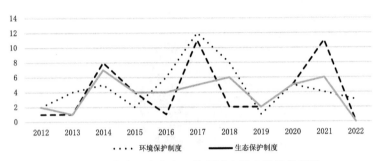

图 10　辽宁省三大生态环境领域省级立法结构趋势

图 10 所示的立法趋势代表了每一年度省级生态环境立法数量在三大生态领域之间的分配，表明了辽宁省三大生态领域立法的发展趋势。我们可以看出，三个领域的波峰与波谷位置均十分相似，说明三个领域的立法并不是互相孤立的，而是相互联系、相互影响的。三个领域的曲线均呈波浪形，变动幅度较大，在 2022 年这个节点明显处于下滑趋势。

（四）立法的横向比较分析

1. 辽宁省生态环境立法处于领先位次

回应生态文明发展战略，辽宁省在全国省级制定和修改地方生态环境立法中处于领先位置。以 2021 年为例，对表 5 "2021 年我国地方环境法规制定修改情况"统计的内地 31 个省、自治区立法数据进行分析可以发现，2021 年辽宁省省市两级立法机关共制定、修改地方立法 29 件，在全国的排序中处于第 9 位。❶

---

❶ 本表来源于刘长兴："中国环境立法年度观察报告（2021）"，载《南京工业大学学报（社会科学版）》2022 年第 2 期，第 97 页。

表5　2021年我国地方环境法规制定修改情况

省份	省级地方性法规				设区的市地方性法规				经济特区法规		自治地方单行条例				合计
	制定	修订	修正	合计	制定	修订	修正	合计	制定	修正	制定	修订	修正	合计	
北京	1		3	4											4
天津	1	1	4	6											6
河北	4		6	10	10	1	2	13							23
山西	2		2	4	17		1	18							22
山东	7			7	12		5	17							24
内蒙古	3	1	4	8	4		8	12							20
黑龙江		1	1	2	1			1							3
吉林	1	2	1	4	8			8				1		1	13
辽宁	3			3	12	1	3	16				2	2	6	10	29
上海	1		2	3											3
江苏		1	12	13	9	1	3	13							26
浙江	1	1	4	6	5	1	1	7					1	1	14
安徽	3	1	4	8	4	2	2	8							16
江西	2		3	5	7		3	10							15
福建	3		2	5	7		4	11		1					17
河南	1		2	3	12			12							15
湖北	1		11	12	5		4	9							21
湖南	4		8	12	3		6	9							2
广东			3	3	15		5	20	3				2	2	28
广西	3		1	4	16		7	23			1	1		2	29
海南	1	1	3	5	2		4	6			1			1	12
四川	4	1	1	6	12	2	2	16			2		1	3	25
重庆	1		2	3							1			1	4
云南	1		1	2	2		1	3			2			2	7
贵州	1	1	5	7	2			2			2	1		3	12
西藏	1			1	1	1									3
陕西	1	1	3	5	4	1	15	20							25
甘肃	2	7		9	5	2	2	9			1			1	19
青海	2			2			6	7				1	2	3	12
宁夏	1		3	4	1		2	3							7
新疆				0		1		1							1
合计	56	19	91	166	177	13	86	276	3	1	13	5	12	30	476

2. 辽宁省省级生态环境总体立法数量高于全国同类地区

我们分别选取了发达地区、中等地区、欠发达地区的 20 个省份进行地方生态环境领域立法总量比较。发达地区选取了北京、上海、福建、广东和江苏。由于辽宁本身属于中等地区，因此在中等地区选取的省份最多，选取了包括邻省吉林、黑龙江在内的 9 个省份。欠发达地区选取了 4 个省份，甘肃、宁夏、山西、陕西。

表 6 其他省份立法总数量及其占本地立法总数比例

省份		立法总数量	立法占总立法数量的比例
发达地区	北京	31	8.68%
	上海	54	9.18%
	福建	30	8.45%
	广东	54	8.28%
	江苏	56	9.20%
中等地区	安徽	95	25.25%
	河南	101	36.25%
	黑龙江	74	11.25%
	湖北	52	13.98%
	湖南	55	15.75%
	吉林	82	44.25%
	山东	125	19.50%
	四川	76	20.00%
	重庆	75	21.00%
欠发达地区	甘肃	36	23.68%
	宁夏	24	6.55%
	山西	27	11.9%
	陕西	35	8.38%

基于表 6 中的数据可以计算出，发达地区生态环境立法总数量平均数为 45，中等地区生态环境立法总数量平均数为 81.6，生态环境立法总数量平均数为 30.5。发达地区省份生态立法占其总立法的比例的平均数为 8.76%，中等地区省份生态立法占其总立法的比例的平均数为 23.03%，欠发达地区省份生态立法占其总立法的比例的平均数为 12.63%。从以上数据中可以看出，中等地区生态环境立法无论是在数量上还是在生态立法占其总立法的比例上都要优于发达地区和欠发达地区。辽宁省作为中等地区的一员，省级制定/修订生态环境法规/规章共计 142 部，生态立法占其总立法的比例为 27%，无论是在总量上还是在占比上都处于领先位置。

在个体对比上，吉林省、黑龙江省与辽宁省具有相似的自然条件和经济发展水平，在生态环境改革中，东北三省也往往会被当成一个整体来看待，因此与吉林省、黑龙江省的横向比较十分有意义。辽宁省在生态环境立法数量上优于吉林省和黑龙江省。

二、辽宁省生态环境地方立法对地区高质量发展发挥了积极的制度保障作用

（一）环境保护立法方面的积极保障作用

在空气治理方面，辽宁省制定了《辽宁省大气污染防治条例》《辽宁省机动车污染防治条例》等空气污染治理制度。以强化大气重污染区域治理、重污染天气应对为重点，统筹实施压煤、治企、控车、降尘、防秸秆露天焚烧。截至 2022 年，二氧化硫、氮氧化物排放总量较 2015 年累计分别下降 31.74%、20.11%；全省细颗粒物（$PM_{2.5}$）平均浓度为 39 微克/立方米，比 2015 年改善了 29.1%；优良天数 306 天，比 2015 年增加 32 天。

在水体治理方面，辽宁省制定了《辽宁省水污染防治条例》《辽宁省河长湖长制条例》等。坚持工业、城市生活、农业农村三

源齐控，统筹实施溯源控污、截污纳管、面源管理、生态修复。2020 年，化学需氧量、氨氮排放总量较 2015 年累计分别下降16.5%、15.76%；全省国考断面河流水质优良比例达到 74.4%，优于国家考核目标 23%，全面消除劣Ⅴ类水体；地级及以上城市集中式饮用水水源优良水质比例达到 97.8%；近岸海域水质优良比例达到 92.3%，比 2015 年改善了 10.4%，其中渤海优良比例为 80.3%，比 2015 年改善了 22.3%。

在秸秆综合利用方面，辽宁省持续开展秸秆综合利用重点县建设，先后在 37 个县区开展试点，推进秸秆肥料化、原料化、饲料化、基料化、燃料化利用和收储运服务体系建设。研发的秸秆炭基肥技术被评为 2020 年全国农业领域十大引领性技术；研发的秸秆直燃锅炉，直接以田间打捆的秸秆作为燃料，热效率高、节能环保，被农业农村部作为典型在全国推广。2021 年，全省秸秆综合利用率达到 90% 以上。

（二）生态保护立法方面的积极保障作用

在生态保护修复方面，制定了《辽宁省草原管理实施办法》《辽宁省矿山综合治理条例》《辽宁省封山禁牧规定》等制度，持续开展"绿盾"自然保护地强化监督。治理历史遗留矿山 3407 公顷、生产矿山 3656 公顷。有效管护辽西北草原沙化治理工程区 690 万亩，落实国家牧区草原生态补助奖励面积 500.6 万亩。恢复滨海湿地翅碱蓬 3300 亩，修复海岸线 85 公里、滨海湿地 920 公顷。丹东凤城市大梨树村、本溪市桓仁满族自治县被评为国家级"绿水青山就是金山银山"实践创新基地，盘锦市大洼区、兴隆台区、盘山县被评为国家级生态文明建设示范区。

（三）自然资源利用与保护立法方面的积极保障作用

在土地资源保护方面，依托《辽宁省实施〈中华人民共和国土地管理法〉办法》《辽宁省耕地质量保护办法》等制度，土壤环境风险基本得到管控，土壤安全利用水平稳定提升。2022 年，受污染耕地安全利用率达到 96% 左右，污染地块安全利用率达到 100%。

在加强黑土地保护方面，辽宁省制定下发了《辽宁省黑土地保护项目实施方案》。2021 年，在落实 50 万亩国家黑土地保护利用项目基础上，建设省级黑土地保护利用生产示范区 110 万亩。大力推广农机保护作业，于 2021 年实施农机深松整地作业 480 万亩。2021 年开展保护性耕作 850 万亩，新建高标准农田 375 万亩，在 17个典型黑土地区重点县持续实施有机肥还田面积 280 万亩，全省耕地质量等级逐步提高。

三、未来辽宁省生态环境地方立法的提升空间

（一）现行立法存在的主要问题

1. 省级立法中生态环境保护立法的比例较低

2018 年《宪法（修正案）》将"生态文明"入宪。《宪法》序言规定："推动物质文明、政治文明、精神文明、社会文明、生态文明协调发展。"2015 年中共中央、国务院印发《生态文明体制改革总体方案》，提出绿色发展理念，是国家发展战略的转型之举。目前，国家生态环境保护领域立法正在加速新法的制定和修改，地方立法也应同步回应。在近几年相关立法不断得到强化的同时，与其他发展型立法相比，辽宁省仍存在省级生态环境保护立法总体数量和比例较低的问题，且修法的比例高于新立法的比例。例如，2012 年至 2022 年 7 月，省级生态环境保护立法占省级全部立法的19.8%，修法的比例为 33%。说明辽宁省生态环境领域立法存在历史欠账现象。

2. 生态区域协同治理立法不足

国家流域治理走进区域治理的新阶段。流经辽宁省 7 个城市、

跨经 4 个省份的辽河流域协同立法在辽宁省还是立法空白。2018年，辽宁省应对环境污染治理需求制定了《辽宁省水污染防治条例》，同时废止了《辽宁省辽河流域水污染防治条例》，虽然实现了水污染的统一防治，但同时也存在流域协同治理的缺位。

3. 辽河、凌河保护区制度缺失

辽宁省在 2010 年分别划定了辽河、凌河保护区，成立了辽宁省辽河、凌河保护区管理局，并于 2011 年相继出台《辽宁省辽河流域水污染防治条例》《辽宁省辽河保护区条例》《辽宁省凌河保护区条例》等法规。由于后续管理体制变化和职能改革，《辽宁省辽河流域水污染防治条例》《辽宁省辽河保护区条例》《辽宁省凌河保护区条例》均被废止。但废止后却并未制定新的辽河、凌河保护区制度，留下了立法的空白，辽河封育区已没有综合性的执法依据。而同样是辽河流经的吉林省，《吉林省辽河流域水环境保护条例》仍发挥着流域治理的重要作用。

4. 部分环境保护立法缺失

从省级情况来看，辽宁省省级有水体、大气、固废污染防治立法，其中水污染防治最为完备。在省级环境保护立法中，海洋、噪声、土壤与放射性物质污染防治均存在立法空白。相比之下，一些发达省份制定了海洋、噪声、土壤与放射性物质污染防治法规，这一点辽宁省需要加强。

5. 创新性立法意识有待强化

首先，有些省级立法生效时间久远、内容滞后，不能发挥实际作用。例如，1990 年 9 月第七届人民代表大会常务委员会第十八次会议通过的《辽宁省农业集体经济承包合同条例》仅在第 7 条作出了关于农业合同管理主体和职责的规定："省、市、县（含县级市、区，下同）农业行政管理部门和乡（含镇，下同）人民政府是农业承包合同的主管机关，……其他有关行政管理部门协助做好农业承包合同的监督、检查和管理工作。"

其次，主管部门往往等待国家上位法修改和国家部委立法修改计划制定本主管机关范围的立法计划，立法的主动性不足，不愿意回应国家改革的迫切需求。例如，《土地管理法》于 2019 年修正许可集体经营性建设用地入市后，辽宁省没有有效开展入市工作。对此，辽宁省应该出台相应的立法。但是，现在辽宁省并无该方面的立法动议。

最后，国家生态环境发展战略的制度建设通常是政策先行，上位基本法和行政法规往往滞后于改革，需要地方立法进行创新。辽宁省在此方面需要强化。

（二）存在问题的原因剖析

1. 生态环境法治的理念亟待更新

在 2015 年国家《生态文明体制改革总体方案》出台之前，在社会观念上，生态环境被认为是以环境为核心的治理工作，立法的重点在于环境治理。绿色发展理念提出生态、环境、资源是空间共同体，对生态环境立法结构提出了新的认识。同时，生态立法过程涉及的技术性、综合性更为复杂，立法的难度更大。

2. 立法活动组织上的原因

首先，行政主管机关立法力量不足。研究团队调研情况显示：省级各厅局一般由法规处或者综合处负责立法工作。人员少、职责多、功能复合导致立法人员不能专司立法研究和立法后的普法、培训工作。例如，省农业农村厅政策法规处有 2 个专职人员，负责本厅立法、行政审批、行政复议工作。省水利厅政策法规处也是 2人，还负责统一协调各处室的执法工作。省林草局政策法规处共有 4 人，2 人负责立法、2 人负责行政审批。省自然资源厅政策法规处共有 5 人，由于自然资源种类繁多，主要以土地、矿产为主进行本省立法。省生态保护厅的立法职责被放在了综合处。立法与行政审批分离。由于立法人员有限，立法工作多限于修法、制定急需的法律，不能形成有计划的系统安排。

其次，立法经费不足。现行制度下只有省里获批的立法项目才能带来立法的专项经费。申报立法项目与省厅各机关的财年立项时间往往不一致，财政预算申报后，立法项目才能确定。经费问题只能从其他经费中解决，数量有限，无法规范使用，更不能委托"外脑"进行专家立项。经费问题在一定程度上影响了立法的质量和新颖性，立法修修补补在所难免。

最后，立法项目自下而上限额申报的管理方式有时不能反映各部门的立法需求。有单位反映，近年来，上级要求一个单位只能报一个立法项目，并实行对口申报，一个口一年只能出一个。例如，立法项目是按照行业申报，省水利厅的立法项目要归属于农业类，往往和农业部门合并申报，导致立法资源稀缺。省水利厅在原有的行业分类中属于"农、林、水"，功能定位服务于农业，而在生态文明背景下，水利工作涉及河道、水资源、水利保护、水污染防治，立法需求已经超出行业的范围。原来的立项管理方式显示出了不适应问题。再如，《辽宁省实施〈中华人民共和国野生动物保护法〉办法》于 1991 年出台，2014 年修正。2017 年省林草局提出修改计划，因为立法指标原因而无法立项。

3. 《立法法》上位法依据的限制

随着国家环境法律体系日趋完善，国家层面的生态环境立法体系愈发完整，地方环境立法的任务越来越重于国家法律规定的制度的具体实施，立法主题越来越细分和具体。期待地方去解决国家层面协调不了的问题不太现实。国家规定的一些新制度和措施虽然有待地方立法具体实施，但是由于顶层设计本身不够明确，地方缺乏实践，立法的难度非常大。所以，地方寻找立法的着力点、可发挥作用的空间有限，有效的法律措施和手段并不容易找到。《行政处罚法》《行政许可法》《行政强制法》等法律的出台及修改在设定行政处罚、行政许可、行政强制事项方面对环境立法的约束限制也较多。

4. 地方环境立法的创新空间不足

地方的创新有可能与国家层面的生态环境立法体系产生冲突，为了减少这类冲突，地方自然会减少创新。虽然十八大以来辽宁省环境立法创新取得了一定的进展，创造了跨区域环保立法和地方特色资源保护等制度创新，但是目前的辽宁省环境立法主要还是在国家层面的环境法制度框架下发展，虽然开展了一些创新，但总体上来看十分有限。

四、完善辽宁省生态环境领域立法的措施

（一）在法规和规章中增加省级人大生态环境立法的总量

《行政诉讼法》第 63 条明确规定，人民法院审理行政案件，以法律和行政法规、地方性法规为依据。地方性法规适用于本行政区域内发生的行政案件。人民法院审理行政案件，参照规章。约束社会主体行为的生态环境规范具有很强的司法性。法规的运用具有确定性效力。因此，建议在国家不限制规章和法规立法横向分配的情况下，增加省级人大立法的数量。

（二）突出地方立法的特色，强化对地方生态环境问题的制度创新

辽宁省未来五年的生态环境立法规划应当以《辽宁省"十四五"生态环境保护规划》（下称《十四五规划》）为引领，以地方立法强化经济建设中生态环境制度的底线约束作用。

首先，立法应突出地方特色，补齐地方立法的短板。例如，辽宁省是东北三省黑土地所在地区，是全国粮食主产省和东北黑土区的重要省份，但相关保护的地方立法弱于其他省份。2022 年 6 月

24 日，全国人大常委会通过了《黑土地保护法》，标志着黑土地这一资源被正式纳入生态环境保护基本法律制度体系。我国黑土地总面积居世界第二位，主要分布在东北平原。习近平总书记多次考察调研东北，着重强调要保护好黑土地，确保国家粮食安全。在黑土地保护方面，辽吉黑三省是一个整体。作为黑土地资源大省，黑龙江省与吉林省分别出台了《黑龙江省黑土地保护利用条例》《吉林省黑土地保护条例》，而辽宁省至今仍未出台相关法规。建议辽宁省以《黑土地保护法》《东北黑土地保护规划纲要（2017－2030年）》为依据和基础，以强化绿色发展为理念，以积极推进黑土地保护利用、确保粮食生产安全为重点，结合《黑土地保护法》的贯彻落实工作，尽快就辽宁省黑土地保护工作进行立法。

其次，立法结合地方生态保护的特殊要求，选择创新的立法形式。例如，《辽宁省国民经济和社会发展第十四个五年规划和二〇三五年远景目标纲要》要求，加强水生态保护和水环境治理，构建辽河生态走廊，持续推进辽河流域生态环境示范区建设；建设凌河生态走廊，大小凌河重点实施水源涵养、水资源保障、生态恢复、城区段污染治理，提升区域水生态服务功能。要实现这一目标，必须进一步完善辽河、凌河保护区相关制度建设。以辽河为例，辽河流域是我国七大江河流域之一，流经河北、内蒙古、吉林和辽宁 4 个省区，总流域面积为 21.96 万平方公里。东西辽河在辽宁省昌图县福德店汇合后，始称辽河干流，全长 538 公里，面积 37 927 平方公里，占辽河全流域的 17.3%。辽河是辽宁人民的"母亲河"，辽河的清浊、通塞、兴衰直接关系到辽河流域人民的福祉。2010年，辽宁省委、省政府相继制定《辽宁省辽河流域水污染防治条例》（失效）、《辽宁省辽河保护区条例》（失效）等地方法规。但是，辽河流域依旧存在上下游、左右岸生态补偿机制尚未有效建立，污染治理跨省联动机制缺失，流域水环境管理边界不清、部门间协调联动不足、信息沟通不畅等问题。并且，目前《辽宁省辽河保护区条例》已经失效，辽河保护管理局已经撤销，辽河保护的立法亟待填补地方立法，以解决新形势下流域执法法制化的问题。

（三）强化各市之间的协同立法

与省级立法相比，辽宁省市一级的地方法规和规章数量有限，除了沈阳、大连两市之外，一些市级生态环境立法权处于停滞状态。在生态环境问题日益地方化的趋势下，市一级立法具有较大的作用空间。为提升地方立法的效率，市一级立法应强化各市立法之间的协调性。2020 年辽宁省国土空间规划已经完成，实现了未来经济发展周期的主体功能区布局。在此基础上，各市生态环境立法应根据生态整体性和资源承受能力，强化地方立法之间的职权互助、功能互补，落实"共抓大保护"的发展原则，渐进地探索协同立法。第一，协同立法有助于平衡不同经济发展水平的省市在环境保护上的力度，探索建立生态补偿机制。第二，协同立法可以以水资源保护为重点和突破口，基于跨行政区域的河流、水库、湖泊等生态要素，建立多个行政主体协调联合的保护机制，克服原有的行政区域管理体制壁垒。第三，协同立法有助于促进执法和司法合作，强化责任落实，明晰地方政府、企事业单位、公众的主体责任。❶例如，盘锦市拥有全国最大面积的湿地，该市曾荣获"国际湿地城市"称号。2020 年，盘锦市出台《盘锦市湿地保护条例》，目标是保护本地湿地。由此，地方立法需要依法维护生态保护红线的法律地位，强化自然保护区、湿地公园等保护措护，统筹自然保护地的地方立法与湿地保护；对于生态保护区的企业退出，需要建立公平的突出机制和生态补偿制度。2015 年修订的《立法法》将城乡建设与管理、环境保护、历史文化保护等方面的事项统筹为新赋权的地方立法主体的主要权限范围，❷旨在祛除过去盲目以经济增长为单

---

❶ 参见罗念、付炫平："加强地方环境立法　助推长江经济带实现生态优先的发展——基于湖北省环境立法现状的分析"，载《长江论坛》2018 年第 4 期，第 28 页。

❷ 2015 年修正的《立法法》第 72 条第 2 款规定："设区的市的人民代表大会及其常务委员会根据本市的具体情况和实际需要，在不同宪法、法律、行政法规和本省、自治区

一发展目标的魅影，重新定位了城市以及区域发展的指引。市一级地方机关是资源占有的主体，在保障地方经济绿色发展过程中，地方立法需改变隐形缺位、消极以待的被动地位❶，发挥地方立法权保障地方发展权、环境权的协同作用。

结　语

目前，生态环境地方立法尚处于探索阶段。基于生态环境问题的地域性与环境流动性带来的保护行为整体性特征，辽宁省地方立法作为样本，显示出了中等发达地区、工业化地区生态环境立法的水平和作为；也展现了地方立法在法治参与地方环境治理方面的创新性。未来，完善地方立法将成为健全生态环境法治体系的重要发展方向。

Research on the Problems and Countermeasures of Local Legislation for Ecological Environment
——Based on the Investigation of Local Legislation in Liaoning Province Abstract

Guo Jie　Ju Chengxuan

Abstract：Local environmental legislation is an institutional guarantee to guide local environmental governance and promote the coordination between local economy and environment. By summarizing the data and development trend of local laws and regulations in Liaoning Province

---

（接上页）的地方性法规相抵触的前提下，可以对城乡建设与管理、环境保护、历史文化保护等方面的事项制定地方性法规，法律对设区的市制定地方性法规的事项另有规定的，从其规定。"

❶ 张仲旺："地方环境立法的羸弱与纾解"，载《湖南警察学院学报》2020 年第 2 期，第 60 页。

since the 18th National Congress of the CPC, we found that the local legislation of Liaoning Province has played an outstanding role in protecting the regional ecological environment, standardizing the government's law enforcement on ecological environment, safeguarding the public interests of ecological environment and promoting the sustainable development of social economy. With the strengthening of the central and local decentralization in ecological and environmental governance, local legislation has gained a wider range of institutional development space. It is necessary to strengthen the characteristics of local legislation and the function of local services. Meanwhile, it is important to follow up the process of national ecological civilization construction, make up for the shortcomings of local legislation, and improve the scientificity and feasibility of local legislation.

Keywords: Local Legislation, Ecological civilization, Institutional innovation in Liaoning Province

民生保障地方立法中的问题与对策

——以辽宁省地方立法实践考察为视角*

王素芬**　包羽含***

内容摘要：民生问题不仅是政治问题，更是法律问题。通过对辽宁省民生保障立法进行梳理可以发现，辽宁省民生法制体系框架已基本成型，民生保障立法的七大主要议题几近实现全覆盖。但进一步对社会救助、养老保障、生育保障和就业保障等四类民生重点领域的立法进行考察可知，辽宁省民生法制还存在立法阙如、重点领域立法缺位与法规可操作性不强等不足。辽宁省民生保障立法可从三方面进行完善：以地方特色为切入点加强立法创新；以实际需求为导向填补立法空白；以精细化立法为原则提升法规的实操性。以此实现辽宁省民生保障地方立法的创新发展，实现辽宁省民生保障的有序推进，并助力辽宁经济有力振兴。

关键词：民生保障　地方立法　立法创新　民生法治

---

* 本文是国家社科基金一般项目"社会救助法中积极就业的法律实现机制研究"（项目编号：21BFX127）的阶段性成果。
** 王素芬，辽宁大学法学院教授，研究方向：劳动与社会保障法学。
*** 包羽含，辽宁大学经济法专业博士研究生，研究方向：劳动与社会保障法学。

引　言

"民之所忧，我必念之；民之所盼，我必行之。"❶以习近平同志为核心的党中央始终坚持把增进民生福祉放在突出位置，不断在发展中保障和改善民生。2018 年习近平总书记在东北考察时曾在深入推进东北振兴座谈会上强调："要更加关注补齐民生领域短板，让人民群众共享东北振兴成果。"❷以此讲话为重要指引，近年来辽宁省一直致力于保障与改善民生，并善用法治思维与手段不断巩固民生发展成果。但诚如习近平总书记所言："保障和改善民生没有终点，只有连续不断的新起点。"❸随着社会主义建设与改革迈入新发展阶段，人民群众对美好生活的向往愈发强烈，民生诉求亦全面升级，民生保障发展依旧存在不充分、不平衡问题，如何提高和改善民生发展水平进而实现共同富裕之目标仍是一项亟待攻克的时代命题。此外，于 2021 年相继发布的《中华人民共和国国民经济和社会发展第十四个五年规划和 2035 年远景目标纲要》（以下简称"十四五规划"）和十九届六中全会《中共中央关于党的百年奋斗重大成就和历史经验的决议》又对民生保障提出了新要求与新任务，各项民生保障制度仍需依循问题与目标双导向进行深入改革。"法者，治之端也"❹，民生保障制度的完善离不开完备的法律体系。据此，本文拟在对辽宁省民生领域法律文件进行梳理分析的基础上，致力于客观评析辽宁省民生保障立法的总体成就，并就其中存在的问题进行检视和反思，以期能对辽宁省民生法治建设有所

---

❶　"国家主席习近平发表二〇二二年新年贺词"，载 http://www.gov.cn/xinwen/2021-12/31/content_5665868.htm，2022 年 10 月 3 日访问。

❷　唐一军："奋力开拓创新转型优质发展的全面振兴之路"，载 http://theory.people.com.cn/n1/2019/0118/c40531-30576375.html，2022 年 10 月 3 日访问。

❸　习近平：《习近平谈治国理政》（第 2 卷），外文出版社 2017 年版，第 362 页。

❹　方勇、李波译注：《荀子》，中华书局 2015 年版，第 231 页。

助益。

自改革开放以来，辽宁省各级人大及其常委会与各级政府共制定、修改、废止及批准地方性法规、规章1400余件（次）。❶样本时间跨度之长、关涉领域之广，无法在一篇文章中予以全面评述。因此，有必要对本文的主要研究对象与数据来源作出如下限定和说明。

第一，研究对象的限定。首先，从研究对象的关涉主题与通过时间来看，本文围绕"民生保障立法"主题，系统地对辽宁省立法文件进行了梳理。关于"立法"含义之界定，本文选用当下学界的通说——"活动说"❷，即所谓"民生保障立法"不仅包含作为立法结果的民生保障规范性文件，还包含从动态视角理解的享有立法权的特定主体，依据法定职权并通过法定程序，制定、修改、废止等民生保障立法活动的全过程。研究样本的覆盖时间为改革开放以来的四十余年，即1978年至2022年，并以"党的十八大"召开为时间节点，详细分析了"十八大"以来辽宁省民生保障立法现状。其次，从研究对象的具体形式来看，地方性法规与地方政府规章均在本文的统计范围之内。学界关于地方规章是否属于地方立法的问题一直存在"狭义说"与"广义说"之争。"狭义说"认为，地方人大及其常委会是地方立法权的唯一主体，地方规章不属于地方立法❸；"广义说"则认为，在我国享有地方立法权的主体不限于地方人大及其常委会，还包含地方政府，地方规章的制定、修改与废止也属于地方立法活动。❹本文无意对两种观点进行评析，而仅是从样本收集分析角度认为扩容分析辽宁省立法成果有助于更加清晰地反映辽宁省近年来在民生保障领域的立法趋势、成就及缺口。据

---

❶ 相关数据根据北大法宝汇集整理而得。

❷ 参见谢勇主编：《地方立法学》，法律出版社2019年版，第4页。

❸ 参见葛洪义等：《我国地方法制建设理论与实践研究》，经济科学出版社2012年版，第128页。

❹ 参见谢勇主编：《地方立法学》，法律出版社2019年版，第5页。

此，本文选择"广义说"，将地方政府规章也纳入本次统计范围。

第二，需要对本文的数据来源加以说明。本文所涉民生保障立法文件主要是通过辽宁省人民代表大会常务委员会官网、辽宁省人民政府官网及辽宁省下辖的14个地级市的人民代表大会常务委员会官网与人民政府官网，辅之以北大法宝官网相关公开数据统计、整理而成。

一、引领与促进：加强民生保障立法的重要意义及必要性

（一）民生保障立法之范围界定

民生保障立法的范围界定是本文研究应予解决的前置问题。目前，实务界与学界对于"民生保障立法"的定义及范围莫衷一是❶，民生主题在历年国家政策文件中的表达也存在细微差异。通过仔细研读相关文件（见表1），可以为提炼中国语境下民生保障立法范围提供重要参考。

表1　政策文件中民生保障主题的主要内容

十八大报告	努力办好人民满意的教育
	推动实现更高质量的就业
	千方百计增加居民收入
	统筹推进城乡社会保障体系建设
	提高人民健康水平
	加强和创新社会管理

---

❶　通过对相关文献的梳理可以发现，目前学界针对民生立法范围进行研究的文献数量寥寥无几，且未能形成完全一致的观点。但大部分学者对此问题的研究均是以国家相关政策为分析蓝本进行切入，本文也沿用了此种分析进路。

续表

十九大报告	优先发展教育事业
	提高就业质量和人民收入水平
	加强社会保障体系建设
	坚决打赢脱贫攻坚战
	实施健康中国战略
	打造共建共治共享的社会治理格局
十四五规划	健全国家公共服务制度体系
	实施就业优先战略
	优化收入分配结构
	健全多层次社会保障体系
	保障妇女未成年人和残疾人基本权益
	构建基层社会治理新格局

　　基于上表梳理并结合国家民生保障三大政策文件精神，我国保障和改善民生的重点在于公共服务、教育、就业和收入分配、医疗、社会保障、妇女未成年人和残疾人权益保障以及社会治理七大领域。依据上述划分，本文认为我国民生保障立法范围包含如下方面：第一，公共服务类立法，包含推进基本公共服务均等化、社会力量参与公共服务供给等方面的立法；第二，教育类立法，包含学前教育、义务教育、高等教育和职业教育等方面的立法；第三，就业和收入分配类立法，包含就业及税收调整等方面的立法；第四，医疗卫生类立法，包含公共卫生、医疗保障、医疗服务等方面的立法；第五，社会保障类立法，包含社会保险、社会福利、社会救助、优抚安置、慈善事业等方面的立法；第六，特殊群体权益保护立法，主要涉及妇女、未成年人、老年人、残疾人等人员权益保护等方面的立法；第七，社会治理类立法，包含预防化解社会矛盾、保障公共安全等方面的立法。

（二）高质量民生保障立法的重要意义

1. 高质量民生保障立法是中国共产党践行初心使命的根本体现

高质量民生保障立法是贯彻习近平总书记"以人民为中心"民生观，彰显中国共产党践行初心使命的根本体现。"与世界上绝大多数国家的政党不同，中国共产党具有鲜明的人民性，人民至上是中国共产党的价值取向，全心全意为人民服务是中国共产党的根本宗旨，人民立场是中国共产党的根本政治立场，为中国人民谋幸福、为中华民族谋复兴是中国共产党的初心和使命。"❶十八大以来，以习近平同志为核心的党中央尤为注重把党的建设与人民幸福进行统筹谋划，并把改善民生贯彻落实在国家前途和民族命运之中，再次彰显了我党不忘初心、牢记使命的为民情怀。加强民生保障领域立法也一直是党和国家高度关切的工作重点，而地方立法作为中国特色社会主义法治体系的重要组成部分，也应积极按照党中央大政方针的决策部署进行统筹安排，科学地运用法律形式规定和保障人民的"民生权利"，在立法工作中践行初心与使命。

2. 高质量民生保障立法是推动共同富裕战略目标实现的有效助力

当前，辽宁省脱贫攻坚已经取得决定性胜利，正处于巩固拓展脱贫攻坚成果、实现共同富裕战略目标有效衔接发展的新阶段。高质量民生保障立法是推动共同富裕战略目标实现的有效助力，其合理性可从两个方面印证：第一，"共同富裕作为一个长期、复杂的系统工程，涉及经济、社会、政治、法律等诸多问题，需要关注其

---

❶ 贾玉娇："百年奋斗之路与未来所向——中国共产党民生本位的价值关切"，载《人民论坛·学术前沿》2021年第19期，第49页。

多个维度的实现路径"。❶就共同富裕实现的法律路径来看，加强就业、教育及社会保障类立法是其中的重点内容，其与民生立法范围大体相同；第二，共同富裕是我国宪法社会主义原则的核心要义与价值目标。我国宪法中的"社会主义原则"之规范要义与价值目标在于要求国家必须积极采用各种手段促进社会平衡发展，最终实现共同富裕。❷而民生保障类立法宗旨主要在于实现社会资源合理分配，扶助社会弱者及全体公民实现全面自由发展。因此，加强民生保障领域立法是以共同富裕为内核的宪法社会主义原则的必然要求，也是完善我国民生法治的重要立足点。

3. 高质量民生保障立法是实现基本公共服务均等化步入规范化轨道的应有之义

基本公共服务导源于社会需求，基本公共服务均等化本质上属于法"正义"价值的政策化表达，是事关改善人民生活品质的重大举措。基本公共服务的治理机制本质上属于一种"规则治理"，即"政府推行促进基本公共服务均等化的制度方案就是以适当的规则措施来治理经济社会问题，其治理的方式就是将硬法之治与软法之治兼收并举地运用到解决基本公共服务的非均等供给问题之中"。❸而提升民生保障立法质量是推进基本公共服务均等化中硬法之治的重要环节之一，关涉"幼有所育、劳有所得、病有所医、弱有所扶及老有所养"的基本公共服务主要发展指标也是民生保障立法领域重点关切之主题。因此，高质量民生保障立法是推动基本公共服务均等化进入规范化轨道的应有之义。

---

❶ 张守文："共同富裕：经济路径与法治保障"，载《法治研究》2022 年第 5 期，第 3 页。

❷ 参见张翔："'共同富裕'作为宪法社会主义原则的规范内涵"，载《法律科学（西北政法大学学报）》2021 年第 6 期，第 25 页。

❸ 黄茂钦："论基本公共服务均等化的软法之治——以'治理'维度为研究视角"，载《现代法学》2015 年第 6 期，第 76 页。

（三）辽宁省强化民生保障立法之必要性

1. 加强民生保障立法是保障辽宁省人民合法权益的重要依托

"民生问题从表面上看是社会问题和经济问题，但实质上首先是一个典型的权利问题。"❶此种权利并不系指某个单项权利，而是一系列以生存权与发展权为基础的与人民民生诉求相关的权利束，谓之"民生权利"。❷民生权利的实现依赖于制度的赋予和保障，成熟与稳定的民生保障法制规范体系可以为所有制度参与者提供平等保护。"一方权利的实现，必然依赖另一方相应义务的履行"❸，民生权利的落实更要以政府义务适当履行作为根本保障。完善民生保障立法的重点即要求在明晰人民民生领域的基本权利基础之上，对政府相应的保障义务做精细化设计。因此，加强民生保障立法既是对民生法治的有效回应，也是维护辽宁省人民合法权益的重要依托。

2. 加强民生保障立法是破解辽宁省发展难题的有效手段

习近平总书记曾深刻地指出："做好保障和改善民生工作，可以增进社会消费预期，有利于扩大内需，抓民生也是抓发展。"❹党的十八大以来，辽宁省在民生保障领域出台了一系列保障政策，人民生活水平显著提高。作为衡量人民生活水平的重要指标，2020 年

---

❶ 付子堂、常安："民生法治论"，载《中国法学》2009 年第 6 期，第 36 页。

❷ "民生权利"并非一个法律概念，在我国现行规范性文件中不存在"民生权利"之表述。其为一个法学概念，针对"民生权利"概念外延的界定，学界主要存在"最广义说""广义说"与"狭义说"。本文赞同"广义说"之观点，即"民生权利作为基本权利，所表达的是权利的综合和集成体系，其外延比社会权广但比人权窄"。具体分析参见张淑芳："行政法治视阈下的民生立法"，载《中国社会科学》2016 年第 8 期，第 120～125 页。

❸ 刘耀辉：《国家给付义务研究：社会权保障的反向视角》，知识产权出版社 2020 年版，第 67 页。

❹ 习近平：《习近平谈治国理政》（第 2 卷），外文出版社 2017 年版，第 361～362 页。

辽宁省城镇居民家庭与农村居民家庭恩格尔系数虽受疫情影响略有上升，但相较于 2012 年均有大幅度下降，分别为 29.5% 与 29.7%。2020 年城乡常驻居民可支配收入与储蓄存款余额也分别增长至 2012 年的 1.77 倍与 2.39 倍。❶由此可见，辽宁省民生建设正在稳步推进。但在肯定发展成就的同时，我们也应该清醒地注意到，与发达省份相比，辽宁省仍面临着低收入群体较多、城镇失业率较高及人口深度老龄化等问题，亟待通过完善社会救助、就业保障及养老产业促进等民生保障类立法，为提升辽宁省整体发展注入法治活力，助力实现辽宁振兴。

3. 加强民生保障立法是健全辽宁省法制体系的核心举措

"人民权益要靠法律保障，法律是维护人民民生权利的最后一道防线。"❷完备的民生保障法制体系是健全辽宁省法制体系的重要一环，也是辽宁省实现依法治省的题中应有之义。辽宁省省级现行生效法规的汇总统计显示：截至 2022 年 9 月 16 日，民生领域法规、规章合计 323 项，占辽宁省立法总数的 41.62%，占比数在全国范围内处于中上游行列。但其中涉及养老、社会救助、生育、就业保障四类民生领域基础的法规总数却仅有 14 项，占比不超过民生领域立法总数的 1/5，仍有进一步拓展立法的空间，特别是在养老与社会救助领域，辽宁省急需出台该类专项法规。

---

❶ 参见辽宁省统计局、国家统计局辽宁调查总队编：《辽宁统计年鉴 2021》，中国统计出版社 2021 年版，第 171 页。

❷ 韩喜平、孙贺："中国特色民生法治化的建构逻辑与路径"，载《中共中央党校学报》2016 年第 2 期，第 92 页。

二、回顾与梳理：辽宁省民生保障立法现状

（一）辽宁省民生保障立法总体概况

1. 辽宁省民生保障立法总览

辽宁省现行生效地方性法规的统计结果显示：截至 2022 年 9 月 16 日，辽宁省共制定颁布法规 576 项、规章 466 项，合计 1042 项。其中包含法规、规章清理类立法文件 266 项，实质内容性法规、规章合计 776 项。民生保障领域法规、规章合计 323 项，占辽宁省立法总数的 41.62%。截至 2022 年 9 月 16 日，辽宁省共废止法规、规章 228 项，其中涉及民生保障类法规 17 项、规章 30 项，合计 47 项，占辽宁省法规规章清理总数的 20.61%。进一步分析辽宁省民生保障立法趋势可知，1978 年至 1986 年的 9 年间，辽宁省在民生领域仅制定 1 项省级地方性法规，即 1984 年通过的《辽宁省食品商贩和集市贸易食品卫生管理条例（试行）》，并未在此领域进行修法与废法活动。因此，为便于观察辽宁省民生立法发展趋势，上述法规未被纳入本文的统计中，而是以 1987 年为统计起点，以 5 年为统计间隔，详细梳理了辽宁省 1978-2022 年的民生立法走向（详见图 1）。

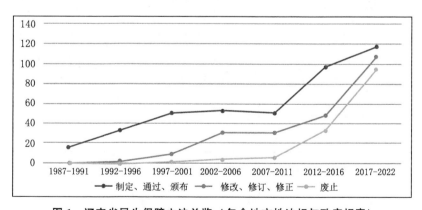

图 1　辽宁省民生保障立法总览（包含地方性法规与政府规章）

从图 1 中可以看出，三条折线的波峰与波谷位置均十分相似，走向也大致趋同，这表明辽宁省民生法制领域的立、改、废工作是同步推进的，三者大体趋势也均是稳中有增。进一步分析其中的重要转折点可知，自党的十七大报告首次将民生话题单列篇章论述以来，民生保障领域立法受到空前重视，进入了快速增长期，而后也持续保持了增长趋势。

除总体发展趋势外，以十八大召开为节点进行统计，自 2012 年至 2022 年，辽宁省各级人大与各级政府共制定、批准法规及公布规章 695 项（不含规章清理类文件）。民生保障领域立法总数 276 项，占立法总数的 39.71%。其中法规总数为 161 项、规章为 115 项，分别占法规总数与规章总数的 41.07% 与 37.95%。两者均对民生领域立法给予了充分重视，但相较而言，辽宁省人大民生保障立法占比略高于辽宁省政府。从时间分布来看，2012 年至 2019 年之间，辽宁省民生保障领域立法总量虽有小范围波动，但基本保持在 17 项上下。2020 年作为我国决胜全面建成小康社会、决战脱贫攻坚之年，需要立法机关制定更多项民生保障类法律文件以巩固、拓展脱贫攻坚成果，辽宁省民生保障立法数量较 2019 年而言也呈现小范围增长。2021 年为民生保障立法数量最高点，共 19 项，而后有所下降（详见图 2）。从 1978 年至今，辽宁省民生立法对民生保障立法的七大主要议题几近实现全覆盖。

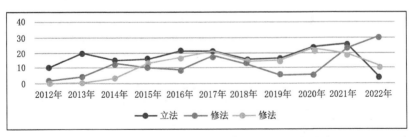

图 2　十八大以来辽宁省民生保障领域立法时间分布图

2. 辽宁省民生保障立法的纵向分析

以立法层级为标准对辽宁省民生保障立法进行分析，可以有助于了解辽宁省省级及下辖设区的市级立法的整体趋势。十八大以来，辽宁省各级人大与各级政府在民生领域共制定颁布法规120项、规章67项，合计187项；修正及修订法规81次、规章57次，合计138次；废止法规27项、规章105项，合计132项（详见表2）。从立法数量分布情况来看：首先，十八大以来，辽宁省省级人大与省政府是辽宁省民生保障立法的"主力军"，二者立法数量远远高于下辖各市，总数占比超过1/4；修法次数达到71次，占全部修法次数的51.45%，平均年修正（订）6.45次。其次，在辽宁省省级立法层面，省级人大的立法数量要高于省级政府，这充分体现出了辽宁省人大在民生立法工作中的主导作用。再次，由于辽宁省所辖14市的立法能力与立法需求不同，各市之间立法数量、修法次数及法规规章清理频度均呈现出较大差异，各市平均制定民生保障法规、规章9.93项，修改4.79次，平均每年清理法规、规章10.36项。总体而言，辽宁省设区的市立法正在有序进行、全面推进。其中，民生保障立法数量最多的是沈阳市，为31项，占总数的16.58%，且在立法数量上沈阳市人大与沈阳市政府不分伯仲，分别通过法规16项、公布规章15项，均对民生保障立法工作给予了高度重视。大连市立法24项，本溪市立法17项，分列第二位、第三位。而立法总数较少的地级市，如铁岭市与阜新市，分别仅有3项与1项，与沈阳市、大连市等较大城市相比差距较大。修法频度与法规、规章清理频度最高的分别为大连市与抚顺市，前者平均每年修改法规、规章2.27项，后者平均每年清理法规、规章3.73项。

表2　十八大以来辽宁省民生保障领域规范性文件立、
改、废统计表（法规/规章）

立法地区＼立法活动	立法（项）	修法（次）	废止（项）
辽宁省	38/9	49/22	5/13
沈阳市	16/15	5/2	4/20
大连市	14/10	11/14	1/17
鞍山市	6/4	4/7	3/2
抚顺市	6/4	3/4	9/32
本溪市	5/12	5/7	4/1
丹东市	4/0	1/0	0/0
锦州市	4/2	1/1	1/0
营口市	4/2	2/0	0/15
阜新市	1/0	0/0	0/0
辽阳市	5/4	1/0	0/0
盘锦市	5/1	0/0	0/0
铁岭市	3/0	0/0	0/0
朝阳市	4/0	0/0	0/0
葫芦岛市	5/4	0/0	0/5
合　计	120/67	81/57	27/105

（二）辽宁省民生保障重点领域立法比较分析

在我国，作为立法理念的承载，政策往往会对立法产生深刻的影响。"法与政策相互交织，不存在中立或自发的法律，也不存在没有政策后果的法律。"❶纵观党的十八大以来我国出台的一系列民

---

❶　参见［美］哈罗德·D.拉斯韦尔、迈尔斯·S.麦克道格尔：《自由社会之法学理论：法律、科学和政策的研究》，王贵国总审校，法律出版社2013年版，第16~17页。

生保障政策，不难发现，"一底线"与"一老一幼一青壮"一直是民生建设的重点领域。也即，要围绕"一底线"——完善社会救助制度，兜住民生保障的底线；围绕"一老"——落实养老保障制度，为老年人提供优质养老服务；围绕"一幼"——改善生育保障制度以促进人口长期均衡发展；围绕"一青壮"——深化就业保障制度，以就业促进经济发展。故本文选择以上述四个民生保障的重点领域（下文统称为"四领域"）作为切入点，对辽宁省民生保障立法做进一步分析。

1. 辽宁省"四领域"立法横向比较分析

整体来看，截至 2022 年 9 月 16 日，辽宁省制定公布涉及社会救助、养老、生育和就业保障的立法共 63 项，法规、规章数量分别为 28 项与 35 项（详见表 3）。占全省立法总数的 0.08%，占全省民生保障立法总数的 19.50%。其中，省级四个民生领域法规总数为 14 项，占地方性法规总数的 7.14%，占民生领域法规总数的 17.72%。省级"四领域"立法规章总数为 13 项，占民生领域规章总数的 25%，占全省规章总数的 6.77%。根据表 3 的梳理可以进一步发现，在"四领域"中"就业保障"是备受辽宁省立法关注的核心主题。自改革开放以来的 40 多年间，辽宁省共制定颁布且现行有效的就业保障类法规 18 项、规章 19 项，合计 37 项，占"四领域"现行有效法规与规章总数的 58.73%（详见图 3）。养老保障与生育保障类立法文件数量相差无几，分别为 11 项与 10 项。而社会救助作为基本民生保障的兜底性制度安排，其立法数量却未能与其重要性相得益彰，仅为 5 项。

表 3　辽宁省"四领域"主题下省级及地市级
现行有效立法统计（法规/规章）

单位：项

立法主题 / 立法地区	社会救助	养老保障	就业保障	生育保障	合计
省级	0/3	1/0	10/8	3/2	14/13
沈阳市	0/0	2/0	3/2	1/0	6/2
大连市	0/1	0/0	2/1	0/1	2/3
鞍山市	0/1	0/3	1/4	0/0	1/8
抚顺市	0/0	2/1	1/2	1/0	4/3
本溪市	0/0	0/1	1/2	0/2	1/5
丹东市	0/0	0/0	0/0	0/0	0/0
锦州市	0/0	0/0	0/0	0/0	0/0
营口市	0/0	0/0	0/0	0/0	0/0
阜新市	0/0	0/0	0/0	0/0	0/0
辽阳市	0/0	0/0	0/0	0/0	0/0
盘锦市	0/0	0/0	0/0	0/0	0/0
铁岭市	0/0	0/0	0/0	0/0	0/0
朝阳市	0/0	0/1	0/0	0/0	0/1
葫芦岛市	0/0	0/0	0/0	0/0	0/0
合计	0/5	5/6	18/19	5/5	28/35

　　注：本表所统计的"就业保障类"法规范围不同于"就业促进类"，不仅包含直接将"促进就业"列为立法宗旨的法规，如《辽宁省就业促进条例》等，也包括通过构建和谐劳动关系等手段间接实现就业保障目标的法规，如《辽宁省劳动监察条例》等。

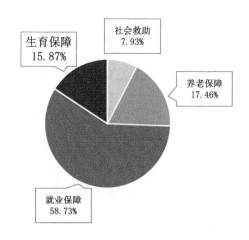

图 3　辽宁省社会救助、养老保障、生育保障、就业保障类立法数量及占比

　　进一步对相关法规立法性质进行分析可以发现，辽宁省在"四领域"的立法特点表现为：应用性立法更加突出，立法创新性及能动性有待提升。根据《立法法》第 73 条的规定，地方立法性质可作如下划分：为执行上位法相关规定与精神，结合地方实际情况所做的具体规定，此谓之"执行性立法"，其法律文件名称多表述为"实施办法"与"实施规定"。属于地方性事务需要制定地方性法规的事项，但上位法已经存在相关规定，地方立法机关仅是立足辖区实际需要作细化规定的立法被称为"应用性立法"。"原创性立法"则包含两种情形：一种是在没有上位法的前提下，地方立法为发挥"试验田"作用，针对非法律保留事项先行制定地方法规；另一种是所规定事项具有典型的地方性，需要在立法中创制大量"特色性规范"。以此为标准对辽宁省省级现行法规类型进行分类梳理可知，辽宁省"四领域"法规类型主要集中在应用性法规，共有10 项，其次是执行性法规为 4 项（详见表 4）。遗憾的是，目前辽宁省民生"四领域"的立法仍缺乏原创性法规，这也折射出辽宁省民生立法中的地域特色及地方立法的创新性与能动性尚未充分展示，有待进一步提升。

表 4　辽宁省"养老、社会救助、生育、就业保障类"现行法规类型梳理

立法类型	序号	法规名称
执行性立法	1	《辽宁省实施〈中华人民共和国妇女权益保障法〉规定》
	2	《辽宁省实施〈中华人民共和国职业教育法〉办法》
	3	《辽宁省实施〈中华人民共和国工会法〉规定》
	4	《辽宁省实施〈中华人民共和国残疾人保障法〉办法》
应用性立法	1	《辽宁省老年人权益保障条例》
	2	《辽宁省母婴保健条例》
	3	《辽宁省人口与计划生育条例》
	4	《辽宁省劳动力市场管理条例》
	5	《辽宁省人才市场管理条例》
	6	《辽宁省失业保险条例》
	7	《辽宁省劳动监察条例》
	8	《辽宁省就业促进条例》
	9	《辽宁省职工劳动权益保障条例》
	10	《辽宁省企业工资集体协商条例》
原创性立法		无

2. 辽宁省民生重点领域立法的纵向分析

第一，社会救助类立法。社会救助是典型的以保障公民生存权为核心要旨的基础性制度安排。"唯有生存权获得保障，人民才可能享有发挥自我、成就其人格发展的最起码的公平机会。"[1]由此可见，社会救助制度作为民生法制体系中具有兜底性地位的制度安排，其担负着维护公民最基本人权的重大使命，应属于地方立法中须重点规范、优先立法的重要制度。反观辽宁省的社会救助类立

---

[1]　郑尚元主编：《社会保障法》，高等教育出版社 2019 年版，第 75 页。

法，其整体数量较少，仅为 5 项。除省级外，仅有大连市与鞍山市在社会救助领域进行了立法。这 5 项立法全部为政府规章形式，效力层级较低。其中直接以"社会救助"命名的规章仅有 1 项，其余4 项并不属于社会救助综合类立法，仅以最低生活保障作为切入，进行单项立法（见表 5）。近年来，辽宁省社会救助制度不断发展，已经在事实上成了安民心与稳社会的牢固基石，但法制建设的滞后却导致社会救助的制度价值不能充分发挥，此可谓辽宁省民生法治建设领域的一大缺憾。

表 5　辽宁省社会救助类立法汇总

	序号	类别	名称	制定/公布/批准日期
省级	1	规章	《辽宁省社会救助实施办法》	2016 年 4 月 26 日
	2	规章	《辽宁省农村居民最低生活保障办法》	2008 年 11 月 9 日
	3	规章	《辽宁省城市居民最低生活保障办法》	2002 年 10 月 21 日
大连市	1	规章	《大连市最低生活保障办法》	2020 年 4 月 15 日
鞍山市	1	规章	《鞍山市实施城市居民最低生活保障制度暂行办法》	1986 年 6 月 2 日

第二，养老保障类立法。根据表 3 可知，养老保障是唯一一个存在市级立法总数超过省级立法数量的立法领域，而在社会救助、就业保障与生育保障三领域内，省级立法数量均处于绝对领先状态。具体而言，辽宁省鞍山市、抚顺市及沈阳市的相关立法数量均超过省级立法数量，分别有 3 项、3 项与 2 项。但仔细分析上述城市相关立法便不难发现，三者现存养老保障类立法大多较为陈旧且未能及时修正，有些文本已经不能适应当下实际（见表 6）。而省本级仅有一部《辽宁省老年人权益保障条例》，是以增进老年人福祉为目标的综合性法规。虽然该法规分别于 2019 年 9 月和 2020 年11 月进行了修正，但仍缺乏关于养老服务产业规范发展及养老服

务促进类的细化规定。据统计,辽宁省 65 岁以上人口占比高达 17.42%❶,已经进入深度老龄化阶段,对养老服务的需求日趋显著。因此,加快制定养老服务产业促进法规并以此为依据促使养老服务产业健康、有序发展已成为一项紧迫任务。但遗憾的是,辽宁省各市均未能针对此类立法进行创制探索。

表 6　辽宁省养老保障类立法汇总

	序号	类别	名称	制定/公布/批准日期
省级	1	法规	《辽宁省老年人权益保障条例》	2016 年 11 月 11 日
鞍山市	1	规章	《鞍山市机关事业单位职工养老保险暂行规定》	1997 年 10 月 8 日
	2	规章	《鞍山市城镇私营企业个体工商户社会养老保险暂行办法》	1997 年 8 月 25 日
	3	规章	《鞍山市农村社会养老保险暂行办法》	1995 年 5 月 22 日
抚顺市	1	法规	《抚顺市老年人权益保障条例》	2006 年 9 月 28 日
	2	法规	《抚顺市保护妇女儿童老人合法权益的规定》	1987 年 9 月 25 日
	3	规章	《抚顺市城镇私营企业及个体工商户基本养老保险办法》	1996 年 6 月 14 日
沈阳市	1	法规	《沈阳市居家养老服务条例》	2019 年 8 月 20 日
	2	法规	《沈阳市城镇从业人员养老保险规定》	1998 年 10 月 26 日
本溪市	1	规章	《本溪市机关事业单位职工养老保险暂行办法》	1996 年 1 月 1 日
朝阳市	1	规章	《朝阳市优待老年人办法》	2010 年 10 月 9 日

---

❶ 国家统计局编:《中国统计年鉴 2021》,中国统计出版社 2021 年版,第 53 页。

第三，生育保障类立法。辽宁省在"四领域"之一的生育保障类立法总数为 10 项。此主题立法数量从高到低排名依次为：省级（5 项）、本溪市、沈阳市与大连市（各 1 项）。❶上述立法在内容上涉及女职工权益保障、母婴健康、婴幼儿照护、托育服务、生育保险等多个方面，较为全面（详见表 7）。但"三孩"政策的提出为生育保障类立法提出了新的挑战与要求，仍需要辽宁省在该领域继续探索"小切口"立法，以推动实现适度生育水平，促进人口长期均衡发展。

表 7　辽宁省生育保障类立法汇总

	序号	类别	名称	制定/公布/批准日期
省级	1	法规	《辽宁省母婴保健条例》	1995 年 11 月 25 日
	2	法规	《辽宁省人口与计划生育条例》	2003 年 1 月 16 日
	3	法规	《辽宁省实施〈中华人民共和国妇女权益保障法〉规定》	2009 年 3 月 25 日
	4	规章	《辽宁省女职工劳动保护办法》	2020 年 12 月 9 日
	5	规章	《辽宁省城镇企业职工生育保险规定》	1997 年 6 月 19 日
本溪市	1	规章	《本溪市城镇职工生育保险办法》	2008 年 9 月 11 日
沈阳市	1	法规	《沈阳市妇女权益保障条例》	2015 年 8 月 21 日
大连市	1	规章	《大连市实施〈辽宁省人口与计划生育条例〉办法》	2007 年 1 月 1 日

第四，就业保障类立法。在就业保障领域，辽宁省省级共制定颁布且现行有效的法规、规章合计 18 项（见表 8），是辽宁省就业保障类立法的主力军。市一级就业保障类立法数量差距较大，仅有沈阳、鞍山、大连与抚顺针对该主题进行了立法。就业保障类立法

---

❶　相关数据见表 3。

内容庞杂，除去一部综合类基础立法——《辽宁省就业促进条例》外，辽宁省就业保障类立法可以从宏观、中观和微观三个层面进行分类。宏观类主要是指通过调节、维护劳动力市场以促进并保障就业类的法规规章，共 2 项；中观类则包含以政府部门、司法部门及工会等为主体对劳动关系进行维护的法规规章，共 9 项；微观类意指从劳动者个体权益保护主题切入的法规规章，共 23 项。此类别还可以进一步细分为职工工资权益保障类、职业卫生保障类、劳动能力保障与提高类、特殊群体（农民工、残疾人、高校毕业生）就业权益保障等。虽然辽宁省就业保障类立法中以劳动者个体权益保障为切入点的法规规章数量较为可观，但职业培训作为劳动者的一项重要权利，在辽宁省却一直未见出台专门条例予以规范。

表 8　辽宁省就业保障类立法分类汇总

	序号	类别	名称	制定/公布/批准日期
省级	1	法规	《辽宁省就业促进条例》	2012 年 9 月 27 日
	2	法规	《辽宁省人才市场管理条例》	1997 年 4 月 11 日
	3	法规	《辽宁省实施〈中华人民共和国职业教育法〉办法》	1997 年 1 月 23 日
	4	法规	《辽宁省劳动力市场管理条例》	1997 年 4 月 11 日
	5	法规	《辽宁省劳动监察条例》	2002 年 7 月 29 日
	6	法规	《辽宁省实施〈中华人民共和国工会法〉若干规定》	2002 年 9 月 26 日
	7	法规	《辽宁省失业保险条例》	2000 年 6 月 8 日
	8	法规	《辽宁省实施〈中华人民共和国残疾人保障法〉办法》	1994 年 1 月 24 日
	9	法规	《辽宁省职工劳动权益保障条例》	2013 年 5 月 30 日
	10	法规	《辽宁省企业工资集体协商条例》	2015 年 7 月 30 日

	序号	类别	名称	制定/公布/批准日期
	11	规章	《辽宁省按比例分散安置残疾人就业规定》	1997 年 5 月 26 日
	12	规章	《辽宁省促进普通高等学校毕业生就业规定》	2009 年 5 月 1 日
	13	规章	《辽宁省工伤保险实施办法》	2005 年 10 月 12 日
	14	规章	《辽宁省农民工权益保护规定》	2009 年 3 月 19 日
	15	规章	《辽宁省职工代表大会规定》	2007 年 12 月 11 日
	16	规章	《辽宁省集体协商和集体合同规定》	2007 年 1 月 15 日
	17	规章	《辽宁省工资支付规定》	2006 年 9 月 2 日
	18	规章	《辽宁省最低工资规定》	2004 年 11 月 4 日
沈阳市	1	法规	《沈阳市职业卫生监督管理条例》	2013 年 11 月 8 日
	2	法规	《沈阳市劳动争议调解条例》	2016 年 12 月 12 日
	3	法规	《沈阳市工会劳动法律监督条例》	2005 年 11 月 5 日
	4	规章	《沈阳市按比例安置残疾人就业办法》	2005 年 12 月 16 日
	5	规章	《沈阳市职业教育校企合作促进办法》	2013 年 1 月 13 日
鞍山市	1	法规	《鞍山市劳动争议调解条例》	2011 年 9 月 29 日
	2	规章	《鞍山市建立再就业基金制度暂行办法》	1997 年 11 月 25 日
	3	规章	《鞍山市劳动保障监察规定》	2012 年 3 月 28 日
	4	规章	《鞍山市外来劳动力管理暂行办法》	2000 年 3 月 26 日
	5	规章	《鞍山市国有企业富余和失业职工安置若干规定》	1996 年 10 月 30 日

续表

	序号	类别	名称	制定/公布/批准日期
大连市	1	法规	《大连市职业教育条例》	1994 年 11 月 25 日
	2	法规	《大连市残疾人保障若干规定》	2012 年 9 月 28 日
	3	规章	《大连市扶助残疾人规定》	2005 年 9 月 14 日
抚顺市	1	法规	《抚顺市职工劳动权益保障条例》	2006 年 12 月 1 日
	2	规章	《抚顺市劳动保护监察实施细则》	1989 年 1 月 3 日
	3	规章	《抚顺市城镇职工失业社会保险实施办法》	1996 年 5 月 24 日

三、检省与反思：辽宁省民生保障立法的问题与成因

（一）辽宁省民生保障立法问题检省

1. 原创性立法阙如

作为对国家立法的补充，地方立法的使命不仅在于细化上位法，更在于充分发挥"试验田"与"探路石"之作用，在确保地方立法优势充分发挥的同时为国家立法积累经验。"一言以蔽之，创新是地方立法的灵魂。缺乏创新的地方立法是违背国家赋予地方立法权的本意的。"❶纵观辽宁省民生保障领域的立法成果，原创性阙如是影响民生法制建设完善的突出问题之一。大部分辽宁省民生保障立法都存在对与主题相关的一项或多项法律文件进行杂糅照搬、合并后再拆分之现象。虽然有些立法在语言修辞上进行了调整，但主要内容仍是照搬上位法制定而成，未能从鲜活的民生实践

---

❶ 柳经纬、黄洵："关于地方立法创新问题的思考"，载《理论与改革》2004 年第 3 期，第 142 页。

中汲取立法智慧。

2. 重点领域立法缺位

民生保障立法事实上包含若干不同子领域，需要通过统筹规划并根据社会发展需要和轻重缓急分类加快立法进程。于辽宁省民生法制建设而言，其体系框架基本成型，民生保障立法的七大主要议题几近实现了全覆盖，但在民生保障重点领域也存在时代性、切口性立法缺失的遗憾。如对于应当在民生保障法制中起到兜底作用的社会救助法，辽宁省至今并无相关法规出台；在养老保障领域，在发展"银发经济"与养老服务产业已上升至国家战略层面的背景下，辽宁省也未能结合时代需求进行立法；在生育保障领域，辽宁省相关立法均为体例完备的、内容体量较大的综合性立法，缺乏针对民众生育保障细致诉求的"小切口"立法；在就业保障领域，辽宁省针对职业培训领域的治理主要还是依靠政策性文件，导致制度实效不能充分发挥，亟待制定专门法规予以规范。

3. 可操作性规范欠缺

辽宁省民生保障领域现行法规可操作性不足主要体现在以下两个方面：其一，部分民生领域的法规对落实上位法要求的程序性规定较多，而对具体的责任义务的规定却比较笼统，一些关键条款的表述过于抽象与原则化，进而削弱了法规的可操作性。民生保障立法规制的是公民的各种民生权利和社会治理的正常运转，只有清晰赋权、明确定责才能保障相关制度的有序、高效运行；其二，既有法规的部分规定因制定时间略为久远，原有的制度设计早已无法与社会发展实际形势相匹配，导致现行法规与实践需要相脱节，以至于从根本上丧失了可操作的前提。

(二) 辽宁省民生保障立法问题的成因反思

1. 地方立法创新的空间与资源不足

地方立法创新性动力不足可以归因为立法者的保守，即"在我国，地方立法权必须服从国家立法权。相较于地方立法自主性的发挥，从属性是更重要的"。❶因此，为规避职业风险，多数立法者更倾向于选择"循规蹈矩"地进行非特色性立法。

2. 公众参与地方立法途径尚需健全

民生法制建设的重点即在于运用立法的方式积极回应公众的民生诉求。相较于中央立法机关，地方立法机关与辖区居民的距离更近，更便于收集本地区居民对民生保障领域内具体问题的看法与建议，这是地方立法的优势所在，更是地方立法主体应予承担的重要职责。但在实践中，由于公众参与地方立法的主体意识不足及参与途经不健全等原因，我国地方立法公众参与度整体较低。更为重要的是，我国现行法律并未对公众参与地方立法的具体规则、方式及程度作出明确规定。通常认为，"有效的公众参与应当是一种全过程参与"❷，但当下公众主要是借由立法机构对立法草案予以公开或听证的方式参与法规草案的审查与修改，对于项目征集、起草及立法后评估的过程，公众鲜能参与。

3. 立法技术运用不当

"立法技术对地方立法的质量有着很大的影响。如果立法技术运用不当，或运用不好，很可能会使一个很好的立法项目达不到预期的效果，甚至还会造成负面影响。"❸受我国长期以来"立法宜粗不宜细"观念之影响，部分地方性法规未能合理运用精细化立法技术对所规范的权力、权利、义务及法律责任进行详细规范❹，更多地表现为过于原则性与宽泛性的条款设计。此外，有些地方条例的立法语言存在晦涩难懂、含义不清等缺点，进而导致法律可操作性

---

❶ 参见周旺生：《立法学》（第 2 版），法律出版社 2009 年版，第 218 页。

❷ 顾爱平："公众参与地方立法的困境与对策"，载《江苏社会科学》2017 年第 6 期，第 107 页。

❸ 谢勇主编：《地方立法学》，法律出版社 2019 年版，第 205 页。

❹ 参见王起超："粗放和精细：论立法技术的秩序建构路径"，载《河北法学》2021 年第 5 期，第 174~176 页。

不足，这也是地方立法主体未能准确运用立法技术的表现。

四、完善与创新：辽宁省民生保障立法的未来展望

（一）以地方特色为切入点，加强立法创新

找准地方立法创新切入点的首要关键在于深刻理解何为地方立法的"特色"。"地方立法的'特色'，主要不应是指调整对象本身有什么与众不同，而应该是指在地方治理过程中，各地方立法机关根据不同地方实现治理的特定需要，相对集中使用管理资源而形成的特定的法律规范和法律机制。"❶即地方立法创新并不一定要求规制对象本身具有地方特色，而是针对某个社会治理领域，其需要相对集中地投入更多立法资源，由此而形成特殊规制手段、归责方式等"特色"创新。辽宁省也曾在"特色创新"方面作出有益探索，于2019年12月15日施行的《鞍山市群众诉求办理条例》即是典型例证。它是全国范围首部群众诉求办理方面的地方性法规，创设性地将立法资源聚焦于"群众诉求"领域，为破解群众诉求、办理难题提供了法律支撑，切实回应了群众的民生期盼。以此为借鉴，本文认为辽宁省未来可尝试在生育保障领域内，聚焦于"公共场所母婴设施保障"主题内容进行创新性立法探索。

（二）以实际需求为导向，填补立法空白

辽宁省民生保障立法从现状走向完备还有相当长的一段距离，加快补齐重点领域立法短板具有必要性与紧迫性。辽宁省民生法制之完善可以从如下领域切入。在社会救助方面，应尽快出台《辽宁省社会救助条例》作为此领域基本性法规，将现行分散于不同法规中的最低生活保障、特困人员供养、医疗救助、就业救助、临时救

---

❶ 谢勇主编：《地方立法学》，法律出版社2019年版，第2页。

助等项目条款进行整合设计，增强对困难群体的保障合力，兜住民生发展底线。在养老保障方面，为因应老龄化时代挑战，"促进养老服务产业积极、均衡发展"应成为民生立法资源倾斜关注之领域。建议尽快出台《辽宁省养老服务产业促进条例》对养老服务产业扶持及保障等内容予以重点规制。在生育保障领域，为提高"三孩"生育意愿，可考虑以完善母婴设施建设为切入点制定《辽宁省公共场所母婴设施保障条例》，推进母婴设施供给主体多元化，让母婴设施成为大型公共场所的标配，营造"生育友好型"社会环境。在就业保障方面，促进失业人员再就业是此领域亟待解决的重点问题。辽宁省就业保障类法规总量整体可观，规范内容也较为全面，但仍缺乏一部针对"职业培训"的专门性法规。因此，建议出台《辽宁省职业培训条例》，对职业培训机构以及公民在职业培训中法律地位、权利及义务进行详细规定，同时细化职业技能鉴定与职业培训补贴制度。

（三）以精细化立法为原则，提升法规实操性

地方立法精细化是增强地方法规可操作性，提高立法质量的内在要求与必要手段。关于精细化立法的实现方法，辽宁省可以借鉴浙江省"三精立法" ❶的做法，"精准选题、精巧设计、精炼表达"，继续探索立法精细化的新路径。首先，关于"精准选题"，辽宁省各级立法机关应围绕辖区民生法治建设的实际需求，着重从民众诉求最高的领域进行选题立项；其次，法规内容要进行"精巧设计"，涉及民生保障的权利义务及法律责任的规定应尽量避免原则性及宣示性的文本表达，清晰赋权结合明确定责才能有效提升法规实操性；最后，"精炼表达"要求地方立法在框架结构方面要有意识地进行简约，应当尽量避免重复上位法的规定及无实质意义条款的设

---

❶ 丁祖年、粟丹："地方立法精细化的内涵与路径"，载《地方立法研究》2020 年第 4 期。

置，文字表述也应简明严谨、准确规范。

结　语

习近平总书记在十九届中央政治局第三十五次集体学习会上发表重要讲话，强调"要聚焦人民群众急盼，加强民生保障领域立法"。辽宁民生保障立法的完善，不仅有助于健全辽宁省法制体系，更能为回应辽宁省人民合法民生诉求提供法治破解之道，因此亟须立足辽宁省的民生发展实际、轻重缓急分类加快立法进程。本文通过对辽宁民生保障立法现状进行统计与分析，期冀为辽宁民生法制建设提供有益参考，最终助力实现辽宁省的振兴。

Problems and Countermeasures in Local Legislation of Livelihood Guarantee
——From the Perspective of Local Legislative Practice in Liaoning Province

Wang Sufen　Bao Yuhan

Abstract：People's livelihood is not only a political issue, but also a legal issue. By sorting out and studying the livelihood legislation in Liaoning Province, we can find that the legal framework for the livelihood of Liaoning Province has basically taken shape, which has all covered the seven aspects. However, further investigation on legislation in four key areas of people's livelihood, such as social assistance, old-age security, maternity security and employment security, shows that there are still deficiencies in Liaoning's people's livelihood legal system, such as lack of original legislation, absence of legislation in key areas and weak operability of laws and regulations. The legislation of livelihood security in Liaoning Province can be improved from three aspects：strengthening legislative innovation with local characteristics; Fill in the legislative gaps with the guidance of actual needs; Improve the practicality of laws and regulations based on the principle of fine legislation. In this way, the innovation and development of local legislation for ensuring the people's livelihood in Liaoning Province can be realized, and the orderly promotion of the people's livelihood in Liaoning Province can be realized, and help to vigorously revitalize the economy of Liaoning Province.

Key Words: People's Livelihood Security, Local Legislation, Legislative Innovation, Law-based Livelihood

【实务研究】

使用盗窃行为之可罚性研究

范　淼[*]　任海月[**]

内容摘要：使用盗窃行为，即盗取他人财物使用，用后归还的行为。我国目前仅有两个司法解释提到过偷开机动车的规制问题，此现状不能实现对严重侵害法益的使用盗窃行为的有效规制目的。学界大多围绕使用盗窃行为是否应当以盗窃罪定罪处罚展开讨论，并形成主观说和客观说两类观点。基于动产的可移动性特征，可罚的使用盗窃行为对象应当被限定于动产使用权。使用盗窃可罚性的判断基准应当遵循先客观后主观的顺序，首先在客观上判断使用盗窃行为是否给权利人的利用造成了严重妨害，其次在主观上考量行为人的排除意思和利用意思。可罚的使用盗窃犯罪数额认定应当具体审查被害人的经济损失，而行为人所获经济利益仅为损失认定的参考辅助。

关键词：使用盗窃　盗窃罪　相当的利用妨害　排除意思和利用意思　犯罪数额

　　[*] 范淼，辽宁大学法学院副教授，研究方向：中国刑法学、犯罪学。
　　[**] 任海月，辽宁大学法学院刑法学硕士研究生，研究方向：中国刑法学、数字犯罪学。

一、问题的提出

使用盗窃行为的表现形式各异，如偷开他人机动车后返还、擅自骑走他人停放在路边的自行车后返还、偷住他人所有的房屋等。一般认为，使用盗窃行为与普通盗窃行为的区别在于，客观上是否用后归还，主观上持暂时使用的目的还是永久占有的目的。本文试举两则相互区别但互有联系的典型案例，以此为基础在理论和实践规制角度分析使用盗窃行为的可罚性。

案例1： 2019 年，林女士（化名）在看电视剧时发现某电视剧取景地是自己所有的别墅。林女士在当初购入别墅时，考虑到通风等问题，将钥匙交给物业保管。但是物业却私自为电视剧剧组开门并准许剧组在房屋内拍摄。林女士向法院起诉，一审法院宣判：电视剧出品方进行民事赔偿，并且物业公司承担连带赔偿责任。❶

案例2： 被告人苏某于某年4月至7月，因无耕牛，为使自己的责任田不误农时，在春耕和晚稻抢插季节，采取秘密窃取手段，先后4次窃走邻乡他人在野外放牧的耕牛为自己耕田，用后偷偷将牛归还，失主并未发现。次年4月20日晚，苏某又采用同样的手段，将本乡龚某等人共养的一头价值750余元的水牛盗走，翌日正在用牛耕田时被失主发现。经查被告人苏某先后5次使用他人耕牛耕田13天，按当地租牛价计算，约为760余元。本案中，法院以盗窃罪对苏某处以刑罚。❷

上述两则案例皆为暂时盗用他人财物情形，案例1为盗用不动

---

❶ 参见汪畅："闲置别墅'入戏'一审未认定侵犯隐私权，原告上诉要求赔偿"，载 https://www.bjnews.com.cn/detail/161484779815507.html，2022 年 6 月 12 日访问。

❷ 参见王礼仁："使用盗窃可以构成盗窃罪"，载《人民司法》1995 年第 6 期，第 39 页。

产，案例 2 为盗用动产。虽然案例 1 不仅仅是盗用，但出租房屋是使用行为的延伸，收取租金的行为应当被盗用行为所吸收，❶其本质仍为使用盗窃行为。在两则案例中，法院作出了不同的判决：案例 1 中，法院对使用盗窃行为人判处了民事赔偿；案例 2 中，法院对使用盗窃行为人判处了盗窃罪。

我国法律目前针对使用盗窃行为的规制仅限于偷开机动车的行为。最高人民法院 1998 年实施的《关于审理盗窃案件具体应用法律若干问题的解释》（已失效，以下称"1998 年《解释》"）第 12 条第 3、4 项❷和最高人民法院、最高人民检察院 2013 年实施的《关于办理盗窃刑事案件适用法律若干问题的解释》（以下称 2013 年《解释》）第 10 条❸对偷开机动车行为是否应处盗窃罪作出了规定。这两条规定均表示，行为人未丢失机动车并且返还的，不以盗窃罪论处。相反，若行为人丢失该机动车、非法占有该机动车则以盗窃罪定罪处罚。但是，使用盗窃行为的对象并不局限于机动车，其他财物也面临被使用盗窃行为人侵害的问题。而由于理论争

---

❶ 参见刘明祥："论窃取财产性利益"，载《政治与法律》2019 年第 8 期，第 74 页。

❷ 《最高人民法院关于审理盗窃案件具体应用法律若干问题的解释》（法释［1998］4 号）第 12 条第 3、4 项："（三）为盗窃其他财物，盗窃机动车辆当犯罪工具使用的，被盗机动车辆的价值计入盗窃数额；为实施其他犯罪盗窃机动车辆的，以盗窃罪和所实施的其他犯罪实行数罪并罚。为实施其他犯罪，偷开机动车辆当犯罪工具使用后，将偷开的机动车辆送回原处或者停放到原处附近，车辆未丢失的，按照其所实施的犯罪从重处罚。（四）为练习开车、游乐等目的，多次偷开机动车辆，并将机动车辆丢失的，以盗窃罪定罪处罚；在偷开机动车辆过程中发生交通肇事构成犯罪，又构成其他罪的，应当以交通肇事罪和其他罪实行数罪并罚；偷开机动车辆造成车辆损坏的，按照刑法第二百七十五条的规定定罪处罚；偶尔偷开机动车辆，情节轻微的，可以不认为是犯罪。"

❸ 《最高人民法院、最高人民检察院关于办理盗窃刑事案件适用法律若干问题的解释》（法释［2013］8 号）第 10 条："偷开他人机动车的，按照下列规定处理：（一）偷开机动车，导致车辆丢失的，以盗窃罪定罪处罚；（二）为盗窃其他财物，偷开机动车作为犯罪工具使用后非法占有车辆，或者将车辆遗弃导致丢失的，被盗车辆的价值计入盗窃数额；（三）为实施其他犯罪，偷开机动车作为犯罪工具使用后非法占有车辆，或者将车辆遗弃导致丢失的，以盗窃罪和其他犯罪数罪并罚；将车辆送回未造成丢失的，按照其所实施的其他犯罪从重处罚。"

端和法律缺位，大量使用盗窃行为很少被定为盗窃罪。❶所以，行为人盗用机动车之外的动产和不动产行为的可罚性需要进一步探究。我国的理论界和实务界围绕使用盗窃的可罚性问题存在激烈的讨论，但至今仍无定论。本文将简要论述使用盗窃可罚性的理论纷争，并以此为基础对使用盗窃行为的可罚性基准进行详细阐释。

二、使用盗窃行为可罚性理论纷争

使用盗窃行为在我国现行有效的法律框架下很难找到处罚依据，在实务中也鲜有以刑罚进行处罚的先例。例如，案例 1 中提到的盗租房屋案件，一审仅以民事赔偿作出判决。即便案例 2 中的法院以盗窃罪对行为人进行了刑罚处罚，但该案件也仅是个案，在实践中并未形成一致意见。但是，关于使用盗窃行为的可罚性在学界一直广受讨论，在大陆法系国家的影响下，很多学者对于论证使用盗窃的可罚必要性具有相当大的积极性。在日本、德国以及其他一些大陆法系国家相继以判例或立法的形式确定了使用盗窃可罚性的情况下，有学者认为解决使用盗窃行为定性和处理问题的根本出路，"是在刑法上增加设置使用盗窃罪名，恰当界定'使用盗窃'的含义，合理设计使用盗窃的法定刑配置"❷。诚然，平息理论争议、规制新型行为、统一司法实践最直接、最彻底的方式就是以新增立法形式规制该行为。但是，作为法学研究学者，应当首先尽全力在现有法律框架下找到规制某一行为的合理依据，通过刑法解释来弥补刑法漏洞，而不能出现一个理论争议或新型行为就将解决途径推脱给立法。大多数讨论均围绕于使用盗窃行为是否应当以盗窃罪定罪处罚。在我国理论界，关于使用盗窃行为的可罚性，大致可

---

❶ 参见魏东："论在'打虎拍蝇'中的法治理性"，载《法治研究》2014 年第 10 期，第 76 页。

❷ 魏东："论'使用盗窃'犯罪的立法设置方案"，载《中国刑事法杂志》2006 年第 4 期，第 59 页。

以分为主观说和客观说。

（一）主观说

一方面，坚持主观说的学者认为使用盗窃不构成盗窃罪。这也是我国司法以及理论界的传统观点，即认为使用盗窃不具有非法占有目的，从而排除了盗窃罪的适用可能。关于非法占有目的的内涵，我国刑法主流观点与日本通说基本一致，认为非法占有目的包括排除意思和利用意思。具体而言，通说认为，使用盗窃因不具有排除意思而不构成盗窃罪。

另一方面，坚持主观说的学者认为使用盗窃行为人因具有非法占有目的而可以构成盗窃罪。随着社会和观念的发展变化，越来越多的学者认为对于某些价值较大的财物（如房屋、汽车等），在某些情况下行为人以使用为目的盗取也会造成严重法益侵害。但这并不意味着完全摒弃了盗窃罪的非法占有目的，而是对非法占有目的中的排除意思进行了缓和和扩大解释，进而认为一时的使用在某些情况下也可认为具有非法占有目的。一些刑法学者努力将某些使用盗窃行为也解释为具有非法占有目的，从而将该行为入罪。❶例如，日本学者大谷实认为，虽然不法占有目的包括排除意思和利用意思两方面的内容，但对于排除意思，"并不要求具有永久保持该物的经济利益的意思"❷。此外，学界还存在一种仅考虑利用意思而不考虑排除意思的利用意思说观点，即认为非法占有目的是指遵从财物的（经济）用途进行利用的意图。❸依该说，使用盗窃行为人具有利用意思，从而认定其具有非法占有目的，那么该使用盗窃行为原则上可罚。

---

❶ 参见尹晓静："财产犯罪中的非法占有目的之否定——'侵害占有、建立占有'客观分析之提倡"，载《政治与法律》2011 年第 11 期，第 41 页。

❷ 李强："论使用盗窃与盗用"，载《国家检察官学院学报》2018 年第 2 期，第 51 页。

❸ 参见张明楷：《刑法学》（第 4 版），法律出版社 2016 年版，第 957 页。

（二） 客观说

客观说一般认为："尽管通说认为非法占有目的是核心，但是使用盗窃是否可罚从主观方面是无法区分的。"❶因此，持客观说者认为："判断对某种使用盗窃行为有无必要动用刑罚处罚，关键要看其社会危害性程度是否严重，而决定这种行为的社会危害性的因素，主要来自客观方面。"❷同时，为了防止盗窃罪的范围过大，出于限缩盗窃罪处罚范围的考虑，客观说也提出了诸多具体判断标准。

持占有转移的完整性说的学者认为，盗用之后及时返还只是具有形式上占有转移的特征，并不是实质上转移占有，即并不具有占有转移的完整性，因此还不具备可罚性，不构成盗窃罪。持法益侵害说的学者认为："使用盗窃的场合在主观上并没有实质性差别，不同场合的使用盗窃只存在利用财物的价值、利用时间或者对财物所造成的保护状态的差别。换言之，使用盗窃的可罚性应以上述的财物价值等客观因素作为判断基准或曰以客观的法益侵害为基准。"❸法益侵害说强调以行为人是否给权利人的法益造成实质法益侵害为基准来判断行为人是否构成盗窃罪，而不论行为人主观目的。持可罚的违法性说的学者认为应当采可罚的违法性理论规制使用盗窃行为，即"首先以包含刑罚法规的全体法秩序为标准判断违法性的有无；其次以该行为对保护法益是否有刑法上不能置之不顾的质与量的违法性为标准判断可罚的违法性"。❹首先，行为人窃取他人财物无论持何种目的都在客观上违反了不可盗窃的法秩序；其

---

❶ 参见尹晓静："财产犯罪中的非法占有目的之否定——'侵害占有、建立占有'客观分析之提倡"，载《政治与法律》2011 年第 11 期，第 42 页。

❷ 刘明祥："刑法中的非法占有目的"，载《法学研究》2000 年第 2 期，第 48 页。

❸ 张红昌："论可罚的使用盗窃"，载《中国刑事法杂志》2009 年第 5 期，第 56 页。

❹ 马克昌：《比较刑法原理：外国刑法学总论》，武汉大学出版社 2002 年版，第 294 页。

次，通过对盗用时间长短、被盗用的财物的价值等的综合考量来判断该使用盗窃行为是否有刑法上不能置之不顾的质和量。"相当的利用可能性妨害说以使用盗窃对利用可能性造成的侵害程度为标准，认为造成相当妨害的场合具备可罚性，成立盗窃罪。反之，没有造成相当妨害的场合不具备可罚性，不成立财产罪。"❶

（三）本文观点

本文认为，将主观方面置于判断的绝对优先地位的主观说观点不妥，单纯依照行为人是否具有排除意思判断行为人是否可罚会造成实践中的认定随意，所以本文赞同客观说。

认为使用盗窃不可罚的占有转移的完整性说已经不符合现在的刑法理论和社会实践发展，这已经是一种过时的落后观点。❷法益侵害说和可罚的违法性说的问题在于，对于具体判断使用盗窃行为是否可罚，大多数学者都是笼统表述。如前文所述，对盗用时间长短、盗用财物价值等因素进行综合考量，但是如何考量以及具体标准均是模糊的，因此这些观点很容易沦为无实践意义的刑法理论。本文认为，盗用时间的长短、盗用财物的价值及事后是否及时归还财物等因素对于是否构成盗窃罪并不起决定性作用。以偷住别墅案为例，有一幢多年无人居住的豪华别墅，别墅的所有人知道自己拥有此别墅，只是空置该别墅。在这种情况下，一名流浪汉翻墙进入该别墅居住若干年所有者也并未发现。在本案中，别墅的价值毫无疑问是巨大的，但是流浪汉偷住别墅给所有者造成的损失为该豪华别墅的价值吗？流浪汉何时放弃居住该别墅算是及时归还？居住多久算是构成可罚违法性的程度呢？这些都是模糊且难以量化的概念，笔者不否认上述理论在理论上的意义，但是这些观点不具有实用价值，无法指导实践。

---

❶ 张红昌："论可罚的使用盗窃"，载《中国刑事法杂志》2009 年第 5 期，第 57 页。
❷ 参见黎宏："论盗窃财产性利益"，载《清华法学》2013 年第 6 期，第 135 页。

相当的利用可能性妨害说相比前述各具体判断的标准都更明确且更具有理论和实践意义。某一行为是否给权利人利用妨害以及程度是能够直接感知，而且利用妨害是使用盗窃行为对权利人造成实质法益侵害的直接体现。相反，若盗用行为未给权利人造成利用妨害，即便被盗用的财物价值巨大、盗用时间非常长，认为该行为已经给权利人造成当罚的法益侵害也是不充分的。所以，在客观上以行为人的使用盗窃行为是否给权利人造成相当的利用妨害为基准，既能保证具有严重法益侵害性的使用盗窃行为受到惩罚，又可以明晰罪与非罪的界限，从而使得该说具有实践指导意义。本文认为2013 年《解释》第 10 条也体现了相当的利用可能性妨害说的相关思路。该规定未提及盗用时间长短、所盗用财物价值和是否及时归还，而是将判断基准放在了偷开机动车的行为人是否造成了机动车丢失和是否返还，而这一基准的考量重点正是落脚在偷开机动车行为是否对权利人利用机动车造成妨害。

诚然，客观说并非完全排斥对非法占有目的的判断，而是反对主观说以单纯主观因素作为使用盗窃可罚性判断基准的立场，主张以使用盗窃所造成的客观后果作为使用盗窃可罚性的基准。❶所以，本文认为，在客观判断优先的前提下，基于区分罪与非罪和量刑的必要以及我国主客观相统一的原则，仍需进一步审查主观非法占有目的。同时，形式地理解非法占有目的中的排除意思确实不再适应现在的司法实践需要。对于排除意思的理解可以借鉴日本对通说的缓和解释，认为一时的使用在某些情况下也可认定具有排除意思，即认为具有排除意思并不要求行为人主观上欲永久排除权利人权利。

---

❶ 张红昌："论可罚的使用盗窃"，载《中国刑事法杂志》2009 年第 5 期，第 55 页。

三、使用盗窃行为可罚性判断路径

案例 1 和案例 2 在盗用对象上存在不动产和动产的差别，相应的裁判结果也不同。本文认为，基于不动产和动产在可移动性上的强弱差异，盗用不动产的行为不可罚，可罚的使用盗窃行为对象应当限于动产使用权。在盗用动产的场合，应当首先在客观上判断使用盗窃行为是否给权利人造成相当的利用妨害，其次在主观上具体判断权利人的排除意思和利用意思。另外，由于盗窃罪属于数额犯，犯罪数额对于定罪量刑具有重要意义。可罚的使用盗窃犯罪数额不能简单等同于被盗用财物的交换价值，应当具体审查被害人的经济损失以明确犯罪数额。

（一）可罚的使用盗窃行为对象：动产使用权

在我国，盗窃罪行为人所窃取的财物，不仅包括财物本身，也包括财物所蕴含的经济价值。由于我国盗窃罪的对象既包括狭义财物，也包括财产性利益，因此如果附着于狭义财物上的经济价值本身能被评价为财产性利益，行为人转移了该财产性利益，便可以认定为对该经济价值的盗窃。[1]使用盗窃行为的对象是财物的使用权，而使用权确实是一种事实意义上的财产性利益，但其是否属于盗窃罪所保护的规范意义上的财产性利益则需要具体讨论。基于不动产和动产在可移动性上的差异，在相关理论中，行为对象是不动产还是动产在盗窃罪的认定上存在区别，且前文所列案例 1 和案例 2 在定罪处罚上也呈现了盗用不动产和动产上的差异。所以，本文将在区分不动产和动产的基础上讨论财物的使用权是否为可罚的使用盗窃行为的行为对象。

---

[1] 参见张明楷："论盗窃财产性利益"，载《中外法学》2016 年第 6 期，第 1430 页。

张明楷教授认为，刑法规制的财产性利益应当"具有管理可能性与转移可能性，客观上具有经济价值，被害人丧失该利益必然同时导致财产损失"❶。使用权具有管理可能性与转移可能性并无异议，并且使用权确实也具有一定的经济价值。但是，在使用盗窃的场合，权利人是否丧失该利益并有财产损失需要分情况讨论。

"因为'窃占'与'窃取'是两种内涵完全不同的行为，前者只是对物的空间进行物理上的占据，后者则包含对物的取得和支配。"❷所以，由于不动产具有难以移动的特性，因此在普通盗窃行为的语境下，行为人一般很难转移不动产的占有，只能在客观上对不动产产权转移占有。例如，违反产权人的意思，擅自将该不动产的产权转移至行为人自己名下，则构成对该不动产产权的盗窃。而在实践中，行为人在一般情况下也很难在无产权人的协助下盗窃产权。所以，一般认为，不动产难以成为盗窃罪的对象。本文认为，上述理由在使用盗窃的语境下亦然。使用盗窃行为人如果偷住或者盗租，在客观上不可能损害权利人对房屋的占有。如果是动产被盗用，需要花费时间和精力才能寻回被盗用动产，而不动产被盗用后，权利人很容易就能定位该不动产，从而继续占有和使用。当使用盗窃行为人偷住或盗租他人不动产时，权利人只是不欲行使使用权而不是不能行使使用权，更没有因行为人盗用而丧失使用权。权利人若欲行使使用权，可以随时以民事或者行政等手段使得行为人停止使用盗窃行为，并且可以行使要求行为人恢复原状、赔偿损失、不当得利返还等救济权利。有学者认为："在未经房屋主人同意而住进其房屋的场合，确实难以以盗窃不动产对行为人定罪处罚，但是，如果将房屋本身和房屋的使用价值分开考虑，认定偷住他人房屋的行为侵害了房屋主人出租该房屋的收益这种财产性利益

---

❶ 张明楷："财产性利益是诈骗罪的对象"，载《法律科学（西北政法大学学报）》2005年第3期，第72页。

❷ 刘宪权、李舒俊："'偷租'行为之性质认定"，载《华东政法大学学报》2016年第5期，第126页。

的话，则将该偷住行为理解为利益盗窃也未尝不可。"❶笔者认为，该种观点值得商榷。认为偷住他人房屋的行为侵害了房主出租房屋的收益并不妥当，即使行为人偷住之后又盗租房屋产生了租金收益，也不能认定该租金收益是行为人的财产损失。因为在没有行为人盗租的情况下，该笔收益是不存在的，即这笔收益仅为预期收益，而并非客观存在的实际收益，所以盗租房屋并不当然使当事人的财产状况发生变化。认为若所有权人在此期间也出租了房屋会取得该笔收益的观点仅是一种假设的产物，刑法意义上的损失应当是实际存在的损失，这种预期利益的损失并不应当为盗窃罪的对象所承认。因此，在盗用不动产的场合，权利人并未丧失使用权，也并未产生财产损失，不动产使用权不应被作为可罚的使用盗窃之行为对象。

因为动产相较于不动产来说具有特殊性，在盗用他人动产的场合下，动产使用权可以被认定可罚的使用盗窃之行为对象。基于动产一物一权原则和可移动的特性，若盗取动产而使用，此时排除权利人使用权的程度大大超过偷住不动产或盗租不动产。因为使用盗窃行为人窃取动产的使用权，必然会导致该动产同时被转移占有。与盗用不动产情景不同，权利人欲使用自己已经被盗用的动产时，很可能因难以找到该动产而产生利用妨害，进而产生财产损失。例如，由于行为人盗用权利人的耕牛，权利人不得不在农忙时期花钱另外租赁耕牛。此外，在行为人的使用过程中，很可能由于盗用而导致权利人永久丧失该使用权并同时导致财产损失。例如，某行为人盗取他人的电脑打游戏，后将该电脑丢失。在这种场合下，暂时排除权利人的使用转变成了永久排除权利人的使用。此时权利人由于行为人的盗用行为而完全丧失了对动产的使用权，该动产属于权利人的财产损失。所以，动产使用权符合上述盗窃罪行为对象之财产性利益的标准，即具有管理可能性与转移可能性，客观上具有经

---

❶ 参见黎宏："论盗窃财产性利益"，载《清华法学》2013年第6期，第137页。

济价值，被害人丧失该利益必然同时导致财产损失。因此，本文下面讨论的重点为使用盗窃行为人盗用动产时的具体判断基准。

（二）客观：相当的妨害利用判断

前文提到，在客观上判断使用盗窃行为的可罚性时，大多学者笼统地以价值大小、盗用时间长短等因素进行阐释。但是，综合这些因素判断仍然带有模糊性、不合理的问题，在个案判断时对实践不能明显地起到指导意义。所以，本文主张从相当的利用可能性妨害说来具体判断使用盗窃行为是否可罚。

行为人欲窃取动产的使用权，则必然窃取整个动产，如此即意味着对权利人的占有、使用、收益、处分均造成了一定的妨害可能性。实施使用盗窃的行为人大多都是用后即归还，在此种情况下，妨害权利人利用的程度较为轻微，不具有可罚性。这与2013年《解释》的相关规定具有一致性，即该解释第10条第3项规定，行为人偷开他人机动车后将车辆送回未造成丢失的，不以盗窃罪定罪处罚。但是，如果行为人的使用盗窃行为在客观上严重妨害权利人对其动产的利用，则会产生对该行为的刑事可罚性。具体而言，当行为人的使用盗窃行为使得被盗动产对权利人来说已经完全丧失了效用或严重减损其效用时，该使用盗窃行为可罚，应当以盗窃罪对行为人定罪处罚。2013年《解释》第10条也体现了相关精神，即行为人偷开机动车后非法占有该车辆，或者导致车辆丢失或遗弃该车辆导致丢失的，应当以盗窃罪定罪处罚。行为人非法占有该车辆或者导致该车辆丢失均表示此时被盗车辆对于权利人来说已经完全丧失了效用，所以属于应当以盗窃罪论处的可罚的使用盗窃行为。但是，该条款并未规定行为人的使用盗窃行为严重减损被盗车辆对权利人的效用时应当如何认定。相关情形可见于已失效的1998年《解释》第12条第4项，即偷开机动车造成车辆损坏的，按照故意毁坏财物罪定罪处罚。本文认为，故意毁坏财物罪与可罚的使用盗窃行为具有重要区别，即故意毁坏财物罪核心行为在于"毁坏"，而使用盗窃行为核心行为在于"使用"。并且，行为人主观上也存在"故意毁坏目的"和"暂时使用目的"的差异，有利用意思的盗窃罪比无利用意思的故意毁坏财物罪更重。❶所以，该规定有违反故意毁坏财物罪的构成要件之嫌。类似条款并未出现在现行有效的 2013 年《解释》中，偷开机动车造成车辆损害的行为目前属于无法可依。但是，此类行为也妨害了权利人对车辆的利用，存在严重的法益侵害性且已经对权利人造成了财产损失，应当以盗窃罪定罪处罚。

虽然目前法律只规定了偷开机动车以盗窃罪规制的情形，但是其他动产也完全具有规制的必要。机动车相比于其他具有一定价值的动产在使用盗窃领域并无明显特殊性，所有具有一定价值的动产都可能成为行为人盗用的目标，理论和实践均应将使用盗窃行为的规制范围扩大至其他动产。使用盗窃行为人窃取机动车以外的其他动产使用也可能严重妨害权利人的利用，造成被盗动产对权利人的效用完全丧失或严重减损。例如，修改案例 2 案情为，苏某窃走他人耕牛为自己农田耕种，后导致耕牛丢失而无法返还。此时，苏某属于盗用他人耕牛导致该耕牛对权利人的效用完全丧失，应当以盗窃罪定罪处罚。再如，行为人在法律职业资格考试期间盗用他人的法考复习资料（此处不考虑盗窃罪数额起刑点问题），在法律职业资格考试结束后归还。客观上，虽然行为人暂时使用他人法考资料后归还，但此时法考已结束，该资料对原权利人来说效用已经严重减损，则该使用盗窃行为也应具有可罚性。

（三）主观：排除意思和利用意思判断

有学者认为，行为人在客观上都是窃取某个财物，只是因为行为人主观方面是非法占有目的还是使用后即归还的目的的不同，就

---

❶ 参见张明楷：《外国刑法纲要》（第 3 版），法律出版社 2020 年版，第 501 页。

决定行为人是否构成犯罪，这样难免有主观归罪之嫌，并且行为人的主观内容是很难判断的。但是，不法行为的性质离不开行为人罪过心理的支撑。"离开了罪过心理，所谓'客观行为的性质'无从判断。对于故意的不法来说，尤其如此。"❶这也是威尔泽尔（Welzel）倡导的目的行为论的基本立场，强调目的对行为的决定作用。我们虽然要避免主观归罪，但是也不能完全忽视主观方面在归罪和量刑上的作用。所以，在客观判断优先的情况下，仍需进一步审查行为人的主观目的。非法占有目的是否必要在大陆法系国家和我国以及其他的一些国家和地区都广受争议，存在排除意思说、利用意思说以及排除意思和利用意思说三种观点。为了切实地区分不具有可罚性和具有可罚性的使用盗窃行为、普通盗窃以及故意毁坏财物罪，非法占有目的包括排除意思与利用意思更为妥当。❷排除意思和利用意思说认为，非法占有目的指的是排除权利人对财物的支配，建立起自己对该财物的利用、支配关系。排除意思和利用意思分别代表了两个不同的方面。排除意思重点区分不可罚的使用盗窃、可罚的使用盗窃与普通盗窃罪。利用意思能够起到盗窃罪与故意毁坏财物罪相区分的功能。只有这两个意思都具备才能完整地表述盗窃罪非法占有目的的主观心态，并且在理论和实践中更加准确地认定犯罪。

由于使用盗窃行为一定具有利用意思，所以此处的重点在于判断在客观可罚前提下的排除意思。本文认为，应当将排除意思进行适当地缓和和扩大解释。山口厚教授认为，即便存在事后返还的意思，但若是在占有夺取之后造成了一定程度的、具有可罚性的利用妨害，则存在达到可罚程度的法益侵害，能肯定具有排除意思，成立盗窃罪。值得注意的是，要在使用盗窃行为时考虑之后的利用妨

---

❶ 刘之雄："'公开盗窃论'的理论根基匪谬"，载《法学家》2021 年第 1 期，第 100 页。

❷ 参见 [日] 山口厚：《刑法各论》，王昭武译，中国人民大学出版社 2011 年版，第 230 页。

害程度根本没有可能性。所以，使用盗窃行为排除意思是通过将利用妨害提前确定的，即当存在具有可罚性的利用妨害时，将这种妨害提前至行为时，以确定行为时具有排除意思。❶因为动产的使用权与动产本身不可分割且动产移动灵活，盗用动产本身就包含了一定的排除权利人使用的意思，那么当动产对于权利人而言完全失去效用或效用严重减损时，就可以依此客观后果认为行为人具有排除意思，进而与利用意思相结合认定行为人主观上的非法占有目的。

值得注意的是，虽然可罚的使用盗窃最后以盗窃罪定罪处罚，但是行为人基于暂时使用的意思拿走财物与以非法占有目的盗窃财物有重大差别，部分具有可罚性的使用盗窃行为虽然以盗窃罪论处，但绝不能等同于直接盗窃了财物。❷所以，对排除意思的具体审查在量刑上具有重要意义。可罚的使用盗窃行为人主观上具有利用意思和暂时排除权利人利用的意思（尽管已经转化为排除意思），盗窃罪行为人主观上具有利用意思和排除意思，在主观恶性程度上后者高于前者。因此，即便二者均被认定为盗窃罪，在量刑上也一定要根据主观意思进行具体审查和区分，以求罪责刑相适应。

（四）数额判断

一般认为，盗窃罪是数额犯，即以"数额较大""数额巨大"等数额条件作为定罪量刑的条件。在对使用盗窃行为人定罪量刑时，如何判断犯罪数额存在争议。

在学界存在两种做法。其一，以财物本身价值作为定罪量刑标准（如日本）。"但盗用的场合，行为人所窃取的并不是财物本身，而是该财物的使用价值即财产性利益"❸，二者不能完全等同。其二，认为使用价值本身是一种财产性利益。"这种利益就是被盗用

---

❶ 参见［日］山口厚：《刑法各论》，王昭武译，中国人民大学出版社 2011 年版，第 232 页。

❷ 刘明祥："刑法中的非法占有目的"，载《法学研究》2000 年第 2 期，第 74 页。

❸ 参见黎宏："论盗窃财产性利益"，载《清华法学》2013 年第 6 期，第 136 页。

行为消耗的财物本身的使用价值，可以用金钱等衡量。由于财产性利益一旦被享用，就不能被挽回，可以说已经被行为人非法占有，因此，该种行为能够被作为盗窃罪处理。"❶德国物的价值说可以为该观点提供理论依据，即行为人非法占有的对象可以是狭义财物的全部价值也可以是该财物的部分价值。❷据此，盗窃罪的犯罪数额可以通过交换价值（即财物的全部价值）确定，也可以通过使用价值（即财物的部分价值）确定。因此，张明楷教授认为，在盗用汽车的场合不必按照汽车本身的交换价值认定盗窃数额，应当按照行为人使用汽车所获经济价值（或称被害人的经济损失）计算盗窃数额。❸案例2中，苏某盗用耕牛就是按照当地租牛价和盗用天数确定的盗窃罪数额。本文认为，在使用盗窃场合，将交换价值与使用价值分开存在合理性，所以后者的做法值得借鉴，但本文略有不同看法。

首先，如果行为人的盗用行为导致被盗财物对权利人完全丧失效用，则犯罪数额就是财物的全部价值。这与我国的立法现状吻合，如2013年《解释》第10条第2项规定，行为人偷开他人机动车导致机动车丢失的，被盗车辆的价值计入盗窃数额。其次，如果行为人的盗用行为严重损害了被盗财物对权利人的效用，由于使用盗窃可罚性的判断重点在于对权利人利用的妨害程度，对于犯罪数额的判断不应当将被害人的经济损失等同于行为人所获经济价值。可罚的使用盗窃犯罪数额的判断基准应当具体审查被害人的经济损失（该损失可能与行为人所获经济价值相等也可能不相等），行为人所获经济价值应当仅起到辅助判断被害人经济损失的作用。重新审视案例2，苏某4月至7月先后4次盗用他人耕牛为自己耕田，

---

❶ 参见黎宏："论盗窃财产性利益"，载《清华法学》2013年第6期，第136页。

❷ 李强："论使用盗窃与盗用"，载《国家检察官学院学报》2018年第2期，第51~52页。

❸ 参见张明楷："论盗窃财产性利益"，载《中外法学》2016年第6期，第1432页。

虽然在春耕和晚稻抢插季节，但由于行为人及时归还，权利人并未发现该耕牛曾被盗用。可以说，权利人并未因为苏某盗用耕牛而耽误农时，换句话说，权利人对耕牛的利用并未被妨害。那么，即便苏某获得了 12 天耕牛的使用价值（可以通过当地租牛价计算数额），权利人也并未遭受财产损失。在这种情况下，权利人可以以该数额为基准以民事手段要求行为人赔偿或补偿盗用期间所获经济利益，但以该换算数额等同于权利人财产损失进而对行为人定罪量刑并不妥。虽然在无利用妨害的情况下，行为人所获经济利益无法被计入盗窃数额，但是权利人的权利仍能通过民事手段进行保护。并且，由于民事责任相比刑事责任具有更大的弹性，赔偿或补偿数额也能通过合意让双方达成共识，因此其不失为一种有效救济手段。如果改变案情，权利人因为苏某盗用耕牛而在农忙时无法利用自己的耕牛，其不得不去另外租牛以完成农耕任务，此时权利人应当算作因行为人的使用盗窃行为产生了财产损失，该租牛损失应当被计入盗窃数额。此外，本文认为，因可罚的使用盗窃行为而成立的盗窃罪数额不能超过财物的全部价值。因为普通盗窃罪的犯罪数额为财物的全部价值，可罚的使用盗窃行为在相同条件下不可能超过普通盗窃罪的量刑，所以可罚的使用盗窃犯罪数额也不能超过被盗财物的全部价值。

结　论

使用盗窃行为如何规制是一个老生常谈的问题，虽然通说认为使用盗窃行为由于主观无非法占有目的而不可罚，但是不可否认大量使用盗窃行为已经严重损害权利人的财产利益，具有严重法益侵害性。我国目前只有 1998 年《解释》和 2013 年《解释》对使用盗窃行为进行了相关规定，但规制对象仅限于偷开机动车，无法对各类使用盗窃行为进行有效规制。随着刑法理论和时代的发展，使用盗窃行为完全不可罚已经过时。由于动产和不动产可移动难易程度的差别，可罚的使用盗窃行为对象应当是动产使用权。遵循客观判断优先于主观判断的原则，客观上以使用盗窃行为造成的利用妨害程度作为基准判断可罚性，主观上具体判断行为人的利用意思和排除意思。如此不仅有利于区分可罚与不可罚的使用盗窃行为、普通盗窃行为和故意毁坏财物行为，也在可罚的使用盗窃与普通盗窃罪量刑区分上具有积极意义。由于盗窃罪是数额犯，在使用盗窃场合，应当将被害人的财产损失作为定罪量刑基准，行为人所获经济利益只起到辅助判断作用。

Research on the Punishability of Theft for the Purpose of Temporary Use

Fan Miao　Ren Haiyue

Abstract：Theft for the purpose of temporary use , that is, the act of stealing other people's property for use and returning it after use. At present, only two judicial interpretations in China mention the regulation problem of driving motor vehicles without permission, which can not effectively regulate the theft for the purpose of temporary use that seriously infringes on legal interest. The academic circles mostly discuss whether the theft for the purpose of temporary use should be punished as larceny and form subjective and objective views. Based on movable property of chattel, the object of punishable theft for the purpose of temporary use should be limited to the right to use chattel. The judgment criterion of the punishability of the theft for the purpose of temporary use should follow the order from objective to subjective. Firstly, it objectively judges whether the theft for the purpose of temporary use has caused serious harm to the right holder's utilization, and then subjectively considers the perpetrator's intention of exclusion and use. The economic loss of the victim should be specifically examined in the determination of the amount of the crime of punishable theft for the purpose of temporary use, while the economic benefit obtained by the perpetrator is only a reference for the determination of the loss.

Key words: Theft for the Purpose of Temporary Use, Larceny, Serious Harm to the utilization, Intention of Exclusion and Use, Amount of the Crime

人工智能生成物可版权性的
法律判断方法辨析

魏晓东 *

内容摘要： 人工智能技术的利用不应成为其生成物不予版权保护的法律上的理由。相反，人工智能技术能减少社会的无谓损失，激励人类创作，提高文化、科技作品创作水平，具有增进社会总体福利的功能。通过甄别人工智能技术参与与否来决定是否施加版权保护是无效的，背离了《著作权法》的基本价值目标，也违反了人工智能技术发展规律。具备创造性目标功能的人工智能技术以模拟人类大脑为终极目标，其采取的无监督学习算法技术识别起来成本极高，对这样技术的生成物进行甄别而不予版权保护，会损害法律追求的基本效率价值。

关键词： 人工智能　作品　版权保护　著作权法　创作成本

---

* 作者简介：魏晓东，1972 年生，辽宁大学法学院、辽宁知识产权学院讲师，主要研究方向为民商法学、知识产权法学、经济法学。

引　言

像人一样能够独立创作文学、美术、音乐等文艺作品的人工智能技术已经发展起来，技术开发者也很热衷将生成的作品作为技术成果炫耀。2014 年美联社就声称启用 Wordsmith 撰写财经报道，随后《洛杉矶时报》声称用 Quakebot、《华盛顿邮报》声称用 Heliograf 等机器人做地震警报和体育赛事报道。在其他创作领域，IBM 公司发表了其机器人沃森与烹饪教育学院共同编写的《大厨沃森的认知烹饪》一书。人工智能技术不满足于简单的智能检索和编辑，已向人类智能的代表——"想象型"智能领域迈进。2016 年日本人工智能小说《电脑写小说的那一天》入围日本"星新文学奖"初评。2017 年 5 月，微软将其人工智能"小冰"创作的诗集《阳光失了玻璃窗》正式出版。在音乐领域，人工智能作曲家 Aiva 诞生，并发布其首张专辑《创世纪》及多支单曲，其中不少作品被应用到了电影、广告和游戏配乐中。在美术领域，2018 年 10 月谷歌开发的人工智能 DeepDream 生成的一幅人类自画像在佳士得纽约拍卖会成交。

人工智能是否能够创作出更伟大的旷世名作还不得而知，它产生作品的交易价值应该由市场和历史来检验。但是，人工智能生成物是否具有可版权性却成了法学界争议的热点，学界从主体人格、客体属性、财产权利、价值功能等不同角度进行论证，形成了针锋相对的结论。这种争议甚至影响到了司法领域。对人工智能生成的文字作品，我国法院曾作出过完全不同的认定。在立法上，不同国家和地区对待人工智能生成物的态度也是不同的，相应的规则内容也大相径庭。人工智能技术是人类科技进步的产物，但是否能成为一个具有特殊地位的法律调整对象，还要经过一段社会认知并形成共识的过程。目前，我们仍处于所谓的弱人工智能技术时代，无法判断人工智能生成物对版权市场甚至社会文化生活是否能产生实质性影响，也无可信的论证予以证明。本文试图通过分析人工智能生成物的本质及对其可版权性的法律判断方法的不同，来探讨在现有著作权法秩序内这一新事物的法律适用问题，进而提出现有制度框架内对这一事物的调整方法。

一、人工智能生成物可版权性法律判断方法观点梳理

（一）主体人格标准

面对人工智能在文学、艺术以及科学等领域中已经打破了人类作为创作者垄断的事实，出于对人工智能可能会破坏人类的伦理、就业空间等生存环境的恐惧，对于人工智能的法律主体性问题，多数意见主要以"主客体不得互换原则"[1]来否认人工智能的主体地位，认为对其生成物应当作为人利用人工智能创作的作品并按照现行著作权法关于作品的构成要件判断其独创性。[2]有判决认为："由于人工智能不具有法律人格，故不是著作权法上的作品。"[3]但也有观点认为：在承认人工智能具有自主创造能力的前提下，应突破传统知识产权法只保护人类创造的障碍，构建以人类读者为基础，而不是以人类作者为基础的版权理论，赋予人工智能创造物以版权。[4]也有判决认为："涉案文章是由原告主创团队人员运用 Dreamwriter 软件生成，其外在表现符合文字作品的形式要求，其表现的

[1] 熊琦："人工智能生成内容的著作权认定"，载《知识产权》2017 年第 3 期，第 3 页。

[2] 李扬、李晓宇："康德哲学视点下人工智能生成物的著作权问题探讨"，载《法学杂志》2018 年第 9 期，第 43~54 页。

[3] 北京互联网法院 2018 京 0491 民初 239 号民事判决书，该案被称为"首例人工智能创作物著作权案"。

[4] 梁志文："论人工智能创造物的法律保护"，载《法律科学（西北政法大学学报）》2017 年第 5 期，第 156 页。

内容具有一定的独创性，属于著作权法上的作品。"❶

（二） 创作过程标准

有观点认为，虽然人工智能可以自主生成成果，但此成果不符合独创性和创作意图的内涵，不具有可版权性。❷还有观点既否认人工智能的主体性，又认为其生成过程不具有个性特征，不符合独创性要求，不能构成作品。❸美国的霍姆斯法官在后人反复引用的"Bleistein 案"中认为：版权的保护并非因为作品的最终用途或审美价值，而是因为作者的个性化元素，个性是其获得版权的（条件）。美国版权局强调，"必须是人类创作的"作品才受保护，没有任何创造性输入或没有人类作者的干预而通过自动或随机运行的机械方法产生的作品，版权局也不会登记。❹

围绕人工智能创作物是否符合独创性判断问题，存在针锋相对的观点。肯定观点认为：判断人工智能生成内容的独创性应坚持"内容决定主义"，即不考察内容的生成主体和生成过程，仅从内容本身判断人工智能生成的内容是否构成著作权法意义上的作品。❺但主流的观点则是否定的。他们认为：从客观形式考察，人工智能生成成果能够达到著作权法对一般作品的要求乃至其表达的美学风格，也能够从技术层面进行优化，最终达到人类的审美标准。但是，客观上表达形式具备"独创性"，只是作品创作需要达到的目

---

❶　2018 年 8 月 20 日，腾讯公司自主开发的写作辅助系统 Dreamwriter 创作完成《午评：沪指小幅上涨 0.11%报 2671.93 点通信运营、石油开采等板块领涨》，发表后，被上海某公司通过其经营的网站向公众传播，腾讯公司将其起诉至深圳市南山区人民法院。

❷　何炼红、潘柏华："人工智能自主生成成果'作品观'质疑与反思"，载《贵州省党校学报》2018 年第 5 期，第 15 页。

❸　王迁："论人工智能生成的内容在著作权法中的定性"，载《法律科学（西北政法大学学报）》2017 年第 5 期，第 148 页。

❹　王迁："论人工智能生成的内容在著作权法中的定性"，载《法律科学（西北政法大学学报）》2017 年第 5 期，第 148 页。

❺　王迁："论人工智能生成的内容在著作权法中的定性"，载《法律科学（西北政法大学学报）》2017 年第 5 期，第 148 页。

标，也是判断"独创性"的第一步，不能据此便对人工智能生成成果的法律属性定论。对于人工智能而言，无论其算法中体现的创作规则多么复杂，最后其生成的内容在"抽象"之后进行比较，均具有高度的相似。显然，人工智能的每一次生成均并未体现不同的创造力，没有发生创新。因此，其不符合独创性中"创"的实质要件。回顾人工智能生成成果的生成机理，其"创作"的能力是由研发者赋予的，其输出的"创造性"表达依附于程序算法的"创造性"，仅从人工智能生成成果的表现特征来看，确实可以满足对人类创作的"创造性"要求，但著作权法的立法初衷是保护独立的创作，人工智能生成成果的"创造性"具有依附性，因而无法被认定为著作权法意义上的"独立创作"。❶

（三）财产价值标准

人工智能生成物的智力成果性价值应当得到保护是该标准的主要观点。这些观点认为，人工智能在内容生成过程和外在表现形式上与智力成果具有相同逻辑，且人工智能本身就是人类智力活动所创造的工具，其生成内容当然具有人类的智力成果属性。将人工智能生成内容作为智力成果性财产予以保护，既能激励权利人发挥作品的最大效益，又能鼓励权利人之间通过交易实现效益的增值，进而促进作品的生产与传播。❷还有观点认为，创作型人工智能是利用信息并制造信息的产物，由其生成的人工智能生成成果属于一种数据信息，呈现出（抽象物）的形态，从正义论视角论证信息成为财产权的正当性时，财产权是用于保障自由和分配正义的工具，而

---

❶ 冯晓青、潘柏华："人工智能'创作'认定及其财产权益保护研究——兼评'首例人工智能生成内容著作权侵权案'"，载《西北大学学报（哲学社会科学版）》2020年第 2 期，第 39 页。

❷ 冯晓青、潘柏华："人工智能'创作'认定及其财产权益保护研究——兼评'首例人工智能生成内容著作权侵权案'"，载《西北大学学报（哲学社会科学版）》2020年第 2 期，第 39 页。

将信息作为一种可财产化的权益，也是一种善。❶如果认可人工智能生成物的智力成果性价值，就涉及权利归属于谁？有的主张参照职务作品或雇佣作品的规定，由创制或投资作品生成软件的"人"而不是机器去享有和行使权利；❷有的主张归属于利用人工智能进行作品创作的作者；❸也有观点认为应以所有者与使用者之间的约定优先，建立以所有者为核心的权利构造。❹有观点认为，基于人工智能的法律主体性障碍，为了保护不同人类主体在人工智能生成成果的创造、使用和传播过程中所付出的劳动，增设一种邻接权或者类似于欧盟"数据库特殊权利"的保护模式。❺

（四）人工智能技术参与度标准

主流观点是先进行人工智能生成与否的甄别，然后决定是否构成版权保护，这些观点已经体现在立法例上。日本在《知识财产推进计划2017》中指出，如果人类在产生人工智能生成物的过程中参与了创作，可以将被使用的人工智能视为工具，该人工智能生成物可以被当作有版权的创作物。但是如果人类没有参与创作，该生成物会被视为由人工智能自发生成的"人工智能创作物"，不能成为著作权法所保护的创作物。美国则采取实用主义角度，不完全强调这种先甄别程序，秉承了美国知识产权法律实务领域一贯的市场利益优先原则，突出强调创造性表现。在具体的个案中，主要采用

---

❶ ［澳］彼得·德霍斯：《知识财产法哲学》，周林译，商务印书馆2008年版，第165页。

❷ 吴汉东、张平、张晓津："人工智能对知识产权法律保护的挑战"，载《中国法律评论》2018年第2期，第1~24页。

❸ 李扬、李晓宇："康德哲学视点下人工智能生成物的著作权问题探讨"，载《法学杂志》2018年第9期，

❹ 易继明："人工智能创作物是作品吗?"，载《法律科学（西北政法大学学报）》2017年第5期，第137页。

❺ 罗祥、张国安："著作权法视角下人工智能创作物保护"，载《河南财经政法大学学报》2017年第6期，第144页。

两种路径应对人工智能生成作品的版权保护问题：一是回避作者身份是否属于人类的问题，倾向于从创作客体角度进行判定；二是对人工智能程序进行法律拟制，使其成为作者或者共同作者，从而解决独创性来源问题和权利归属问题。美国法院已经出现了相关司法判例，而且已经有了授予计算机软件创作的文字作品版权的记录。英国则以法律的形式认可了人工智能创作作品的可版权性，于1988年颁布《版权、设计和专利法》，对于计算机创作作品的可版权性在法律上予以了确认。人工智能生产作品权利主体中"做出必要安排的人"，对于其是否为计算机程序的设计者、用户、所有者并不明确。该类主体的认定标准需要考虑各种因素，如对资料的编排并影响作品的创作形式、为创作所作出的必要准备、投资行为以及创作作品的意思表示。在法律解释上也借鉴了电影类作品中制片人的标准与制度安排。此外，人工智能生成作品的著作权人类似于雇佣作品创作中雇主的地位，由其对作品的创作行为进行安排并投入资源，进而由此取得创作行为所产生的作品。由于英国对以人工智能创作作为侵权抗辩的理由都不予认可，实际上人工智能甄别先置已无存在必要。

二、人工智能生成物可版权性法律判断的规则前提

（一）版权保护的对象在于成果而非过程

1. 规范秩序的要求

著作权保护的客体是作品。作品是创作行为的结果，我国《著作权法》将作品界定为，"文学、艺术和科学领域内具有独创性并能以一定形式表现的智力成果"。《伯尔尼公约》第2条第1款规定："'文学艺术作品'一词，包括科学和文学艺术领域内的一切作品，不论其表现方式或形式如何。"几乎绝大多数国家的立法都强调版权保护的客体是作品，而作品是智力成果，这已经是世界普

遍认可的共识。《著作权法》不考虑作品是如何创作的，只考虑谁创作的，并仅从作品内容出发决定保护的范围和对象。这是由作品的本质决定的，也是由法的本质决定的。《著作权法》作为规范，必须界定适用该规范的事实标准，只有符合权利构成事实标准才能赋予权利效力。在结果标准和行为标准的选择上，《著作权法》只能选择结果标准，而不可能为创作行为构建出一个框架，这也是与保护目标背道而驰的。所以，只有产生了作品，才能赋予权利，只要建立何为受保护作品的标准，就可以实现法律的目的。因此，法律只能围绕作品构建权利，这样才能更有效地建立法秩序。至于对创作行为的关注，那只是事后请求权行使和秩序调整的问题，这同物权、债权等其他民事权利其实是一样的。

2. 独创性是判断构成作品的唯一客观标准

有观点认为：如果仅从表达的形式进行独创性考察，虽有利于提高判定作品的效率，却夸大了独创性要素的作用，将独创性作为判断作品的唯一构成要件，而未意识到独创性只是构成作品的必要条件，是创作的要素之一。著作权基于创作事实产生，其落脚点也是对创作的保护。若仅凭人工智能生成成果的表现形式满足创造性要件即判定构成作品，是一种唯作品客体论，挑战了著作权法定主义原则的界限。❶这种观点忽视了著作权法上的版权保护是一种手段措施，必须符合规范的可操作性。立法技术要采取保证实现法效果的有效方式，创作行为具有无限的复杂性和多样性，无法建立判定标准，这种观点背离了法律实践性要求。创作行为只有取得成果才能构成法律要件，而成果具有唯一性，因此依赖成果判断权利是否存在是必然的，也是唯一的。创作行为并非被法律从要素中排除，而是通过推定方式进行认定，这种推定是通过对表达形式独创性的判断推导出创作事实的，这极大地减轻了权利人的举证负担，

❶ 王迁："论人工智能生成的内容在著作权法中的定性"，载《法律科学（西北政法大学学报）》2017年第5期，第148页。

提高了保护效率，并且也保证了法律的形式逻辑自洽，更是一种对权利人的有效保护。著作权法不仅从客体方面推定创作事实要素存在，还通过对主体的推定来判断创作行为的要素。

（二）人工智能生成物版权主体归属并无特殊性

1. 人工智能创作的本质是人的创作

对人工智能生产物作品的主体争论，基本围绕着应当归属人工智能使用人、人工智能所有人还是发明人，比较极端的涉及人工智能本身的人格问题。人工智能是否应当赋予人格，并不是一个现实问题，因此不应当是一个法律问题，那些主张所谓机器人人格的观点，似乎并不了解人工智能的基本原理和现状。虽然人类终将解决智能难题，但从目前的技术上看，人工智能技术尚处于模仿人类智能某个单一方面，如感知、思考、学习、理解、识别、判断、推理、证明、通信、设计、规划、行动，直至创造。目前的技术距离对这些单一方面人类智能完全模拟还相差很远，即使乐观估计也需要到 2050 年。❶而人类智能是完整综合体，是各个方面综合工作的表现，这才是形成独立人格的生物基础。因此，若想达到能够完全模仿人类大脑进而实施同人类一样的具有独立人格特征的有意识行为的人工智能，还需更漫长的时间。这种未来的、不确定的、不可预见的、超过立法者所能预见期限的事件，不应是法律问题。对于目前所谓通过人工智能技术生成作品的作者问题，按照前面所述的法律规范逻辑，在不考察创作过程的前提下，对作者的判断，法律采用的仍然是推定模式，而并非通过创作行为判断模式。所以，我国《著作权法》第 12 条第 1 款规定，在作品上署名的自然人、法人或者其他组织为作者。《世界知识产权组织版权条约》第 12 条第 2 项也规定："本条中的用语'权利管理信息'系指识别作品、作

---

❶ ［美］特伦斯·谢诺夫斯基：《深度学习——智能时代的核心驱动力量》，姜悦兵译，中信出版集团 2019 年版，第 279 页。

品的作者、对作品拥有任何权利的所有人的信息，或有关作品使用的条款和条件的信息，和代表此种信息的任何数字或代码，各该项信息均附于作品的每件复制品上或在作品向公众进行传播时出现。"❶

2. 署名推定是经实践检验并公认的法效果

有观点认为，仅因外在表现形式而使未披露人工智能因素的生成物享有著作权，是由举证规则导致的，混淆了人类创作与人工智能创作，将滋生不正当的创作行为，人工智能生成成果冒充个人作品的现象会最终阻碍人类创作作品的积极性。❷首先，这个结论目前是无法从事实上证明的，只能是推测。其次，这个观点并未从逻辑上证明其推论为真，即没有证明人工智能生成成果冒充个人作品与阻碍人类创作积极性之间存在因果关系。（本文后面会分析人工智能生成成果同人类创作成果之间的竞争会激励人类创作，并且提高创作水准，进而增加社会总体福利。）影响人类创作的积极性的因素复杂、多变，即使真存在人工智能降低人类创作积极性的可能，整个社会进化也会以"蜂群"式机制进行调整，❸绕开这个创造性激励障碍。最后，这个观点的前提和结论都是模糊不清的，在当前的技术条件下，人工智能生成成果绝大多数并未脱离人的干预，仍然是人的活动结果，谈何冒充个人作品？

3. 判断主体资格应凭利益追求而非客体形式

即便是利用"机器学习技术"生成的成果客体，在如此昂贵的使用成本下，使用者是否有冒充低价值个人作品的动机，也是值得怀疑的。当前的机器学习生成物展示者都没有表现出冒充个人作品的意图。因为，这个生成物发表的目的并非实现生成物的表达价

---

❶ 刘春田主编：《知识产权法》，高等教育出版社、北京大学出版社 2019 年版，第 50 页。

❷ 王迁："论人工智能生成的内容在著作权法中的定性"，载《法律科学（西北政法大学学报）》2017 年第 5 期，第 148 页。

❸ ［美］凯文·凯利：《失控——全人类的最终命运和结局》，张行舟等译，电子工业出版社 2016 年版，第 35 页。

值，而是要实现人工智能技术的使用价值，生成物仅是宣传其技术的工具。本文开头介绍的几个著名的人工智能事例，宣扬者没有一个强调其作品的创造性价值，而是宣传其技术的创造性价值。由此可进一步推断，技术宣扬者的目的不在于推销其作品而是在于推销其技术。更进一步的社会效用是极大地增加知识传播的效率和范围。AlphaGo 在击败李世石后，接连升级了技术版本，从 AlphaGo Master 直至 AlphaGo Zero，当今任何职业围棋选手都不可能将其战胜。但这并未影响人类对围棋这项智力活动的热情，人们通过学习 AlphaGo 网络对局棋谱提高了人类围棋的总体水平，DeepMind 公司也从未否认 AlphaGo Zero 是通过自主学习自动提升的算法，并非人为升级算法。❶所以，前述观点站不住脚的原因是，人工智能生成物的可版权性价值同创作成本的差额决定了冒充者的权利主张激励。而在当前的技术条件下，人工智能高昂的研发成本决定了技术的使用成本也高昂，进而导致创作成本高昂，但是其创作物却是市场极易替代物，人类会用很小的创作成本创作替代物，冒充个人作品根本得不偿失。

（三）人工智能生成物可版权性在其价值而非来源

1. 作品的本质是智力成果

作品是人的劳动加灵感的结果，这被统称为创作成本，法律是无法准确判断这些创作成本的。因为在版权领域，任何人都无法对相同主题的前人创作成果予以穷尽搜索，任何人的相关信息都是不完全的，都是在对前人成果信息不完全的情况下进行的创作，这种搜寻成本，每个人都不一样。而法律所保护的与前人差异性表达的真实成本也是不同的，这种差异性表达完全来源于人的创造性灵感，是由人的天赋、学识、背景、阅历、智慧等多种不确定性生物

---

❶ ［美］特伦斯·谢诺夫斯基：《深度学习——智能时代的核心驱动力量》，姜悦兵译，中信出版集团 2019 年版，第 35 页。

状态因素决定的，更加无法判断其成本。所以，法律只能针对作品所体现的社会需求价值或者交易价值来判断，因此天赋高的作者创作成本很低，但作品却可能具有高价值。相反，天赋低作者的作品很可能不受认可。很多认可对人工智能生成应当保护的观点，都认可其价值性，但认为不是人的创作行为，不同意版权保护，因此设计出很多的保护路径，如公共领域保护、邻接权保护、一般财产权保护等。❶这些观点的基本逻辑是先判断是否具有保护价值，然后看其来源是否基于人工智能产生。典型的如北京互联网法院审结的我国首例人工智能生成内容著作权侵权案。该案判决：一方面，坚持从创作事实而不是作品成果角度判断版权保护资格，认为该争议分析报告是软件使用的结果，不是软件开发者创作完成的结果，无论是使用者还是开发者均不是作者，在某种意义上是软件创作的，进而表明分析报告不是自然人创作的，虽然具有独创性，但由于人工智能不具有法律人格，故不是著作权法上的作品。另一方面，认为该争议分析报告既凝结了软件开发者投入也凝结了使用者投入，如果不予保护，将不利于对投入成果的传播，应激励软件使用者使用和传播，赋予其相关权益，不能使之进入公有领域，进而承认了人工智能生成内容享有财产性权益。❷

2. 表达价值是版权保护考量的核心要素

承认具有版权作品价值却不能纳入版权保护，既不符合规则逻辑，又不符合技术原理即事物的本质。版权只保护表达不保护思想。现有人工智能技术除机器学习技术外，其他技术并不以实现自主创造为目标，因此凡是采取检索知识技术对人类原有表达检索选择后生成的表达，都不可能具有版权保护价值。而利用算法体现一定思想的表达，又会因合并原则而仍不具有版权保护价值。再进一

---

❶ 冯晓青、潘柏华："人工智能'创作'认定及其财产权益保护研究——兼评'首例人工智能生成内容著作权侵权案'"，载《西北大学学报（哲学社会科学版）》2020年第2期，第39页。

❷ 参见北京互联网法院2018京0491民初239号民事判决书。

步通过建立表达优化的算法实现的表达，若能被识别为算法生成的，仍然属于思想范畴而不被保护。因此，可以说，北京互联网法院的首例人工智能著作权案的事实前提是不存在的，争议作品被识别为人工智能生成部分根本不具有版权保护的表达价值。❶机器学习技术具备自动生成算法的可能，能够生成无法识别来源的独创性表达。但是如此高昂的创造成本，在无法证伪的情况下，任何一个理性的技术使用人如果想通过作品实现利益，都是不可能承认人工智能利用事实的。在这种情况下，探讨法律保护的问题也就没有实际意义了。

（四）工具属性决定人工智能生成物不具有版权上的特殊性

1. 创作角度的人工智能本质是工具

现阶段的弱人工智能仍旧是人类的工具，受人类支配，即使是智能机器自己创作的作品，其运行的程序以及算法也都是人类意志运行的结果。即使前面所提及的那些利用深度学习技术的人工智能作品也未能表现出人工智能对自身作品的理解效果。人工智能对人类需求的识别越来越精准，即其可以对人的语言、声音等作出越来越准确的"识别"和"反应"，但这种"识别"亦是一种机械意义上的通过算法等程序运行出的结果。因此，人工智能创作的本质实际上是一种"计算"，即使其在科技的帮助下越来越"精确"和"聪明"，也是因为其内部由人类赋予的算法日益完善。人工智能对

---

❶　参见北京互联网法院 2018 京 0491 民初 239 号民事判决书。该判决将争议标的分成两部分进行分析：一部分是图形内容，该判决直接从成果形式角度认定不具有独创性，否认版权保护资格。另一部分是文字部分，该判决认为具有独创性，但创作者不是自然人而是人工智能，进而否定版权保护。但该判决的分析方法是混乱的，该判决并未表明创作行为要件和成果形式要件的构成是否存在位阶，哪个应当优先判断。文字作品不代表都具有独创性，即使如小说这样的高虚构性作品，也应当通过抽象概括法分离出哪些是思想，哪些是表达，哪些是复制表达，哪些是独创表达，只有最后一种才是版权保护内容。但该判决很显然没有这样的分析，而从该判决认定的作品形成路径"系威科先行库利用输入的关键词和算法、规则和模板结合形成的"，足以认定该分析报告均为合并性表达，并无版权保护价值。

于其需要创作的内容以及创作出的成果都仅仅只是"识别"而非
"理解",因此如果对前述的人工智能作品进行抽象概念法分析,会
发现并无构成独创性的实质表达。

2. 用算法程序创作仍是人的智力活动

不同于摄像机、计算机等传统的创作工具,人工智能无须外力
的介入便能创作出具有作品外在形式特征的内容,人工智能生成成
果是否具有著作权成了需要特殊考量的问题。人工智能使人类创作
的创新要素范围极大地扩展,颠覆了传统的创作方式,模糊了人类
进行作品创作的边界。但是,目前的人工智能技术并未脱离传统的
创作工具本质。人工智能的概念在法学界至今尚未形成统一的认
知,很多观点涉及的人工智能甚至并不是技术领域认可的人工智
能。普遍认为,没有人为参与创作的由机器自动产生的就是人工智
能创造物。但在人工智能技术领域内,按创建人工智能技术所追求
的目标,人工智能概念是一种能够执行人的智能需要的创造性技
术。❶因此,这里的自动生成必须是按照人类的智能模式生成的,
并不是由计算机或某种机械的自然运转形成的。通过人工智能创作
作品,并不是不借助人力,只是不由人自己的智能直接产生作品,
是人设计了创作作品的程序,由计算机通过程序算法实现智能表
现。如果从严格的技术概念角度,将一定的作品创作规则编成资料
处理程序算法,利用该算法对存储的资料或数据库甚至网络进行搜
索并对结果进行编辑,则不能算作人工智能,可称为人的创作行为
编码化。这里的算法技术是手段和工具,如通过设定书写轨迹和笔
锋着力点而由计算机算法驱动毛笔书写的书法或美术作品,仅是工
具的改变而已,仍然是人的创作行为。将创作方法编写成程序的模
板软件仍然属于工具,不是人工智能,依靠这样的软件创作文字作
品、音乐作品,所利用的仅为思想,形成的表达仍然是人的智力活

---

❶ 蔡自兴等:《人工智能及其应用》(第5版),清华大学出版社2016年版,第3
页。

动。但是，如果建立了信息库，将创作方法作为问题求解搜索，得出的结果属于人工智能生成结果，但这种结果并不具备独创性，或者发生了思想与表达的混同。如某些技术可以生成短句，或者短句诗词、旋律简单音乐等，这些结果均不具有独创性，因为所构建的信息库内容是已存在的。

3. 人工智能无法替代人类大脑仍是复制人类表达

虽然机器学习技术具有创作出媲美小说、交响乐的宏大高虚构性作品的可能，但只有充分模拟人脑的构造和原理的人工智能才能创作出这样有版权价值的文字作品、音乐作品，而这是很遥远的未来的事情。人工智能还只能实现普遍认为的"标准美"，这种美的标准是输入工程算法和程序的时候赋予的，没有人类感情赋予其中。如"深度巴赫"的程序追求的是让人无法区别这首乐曲的来源，即越像巴赫越好；各种美图软件追求的也是越像某种特定风格越好；能够自动纠错的智能软件则更直接，发现错误并纠正的准确率越高越好，这些生成作品已构成实质性相似。人类创作作品有工匠与艺术家的区分，艺术家们追求的一定是"不同"，即使临摹也强调"学我者生，似我者死"。版权法保护的是来自于人这种生物在长期社会进化中形成的每个人都独一无二的大脑运转结果，这种创作机制是无法确定的、无法复制的。

三、人工智能生成物可版权性法律判断的价值取向

（一）《著作权法》激励创作价值判断

1. 《著作权法》激励创作的实现机理

绝大多数作品都是建立在更早期的作品基础上的。著作权保护的目的是激励创作，进而提高社会总的创作数量。简单的看法是，著作权保护增加了侵权复制者成本，减少了侵权复制品数量，在总需求不变的情况下，增加了作品需求，进而提高了作者的利润，激

励作者创作。但是，著作权保护存在递减效应，过高的著作权保护会增加其他作品的表达成本，并因增加竞争而增加其他替代品，进而降低作品需求，同时还会产生更高的管理和执行成本，抵消掉高保护带来的作者利润，甚至因此降低总需求数量，从而导致作者利润下降。著作权保护的核心在于保护复制，对享有著作权作品的侵权复制件，在市场上成为该作品表达性方面的一个相近的替代品，并因而会明显地挤占其市场份额，降低作品需求。并且由于它没有表达成本，因此价格就会低于作品，从而使版权作品被完全替代，构成侵权。故意复制应当承担法律责任，复制者若想证明没有故意侵权，必须合理相信该作品处于公共领域之中。但是，享有著作权的材料成百万亿页，其中任何一页所包含的一句话或者一段话，即使公开了，也未必谁都能知晓，权利人只要证明其公开或者其他复制者接触的可能性存在，就会使后来作者在纯粹巧合发生重复情况下构成侵权。这样的机制就会使得后来的作者必须搜索到所有已经公开的作品，进而避免重复，这显然是不可能的。

所以，著作权法必须用两个机制来平衡，一个是建立实质相似原则，一个是采取著作权登记制度。首先，实质性相似原则的作者仍然需要为避免重复，检查不计其数的享有著作权作品，这都需要额外的无谓成本，损失社会福利。其次，著作权登记制度要求可消除作者搜寻成本，但也无法确定是否与其他作品重复。因为，没有发表的作品不能通过检索被发现。所以，仅凭是否重复来判断侵权，从经济福利角度就会形成制度浪费。它唯一的结果就是非故意的侵权人会向被重复材料的著作权人支付成本和利润。❶所以，人工智能生成物著作权只能选择弹性的保护方式，针对不同作品、不同技术条件、不同市场、不同复制程度，调整保护强度。

2. 人工智能可降低表达成本有利于激励创作

人工智能极大地降低了创作者的搜索成本，进而减少了创作成

---

❶ [美] 威廉·M. 兰德斯、理查德·A. 波斯纳：《知识产权法的经济结构》，金海军译，北京大学出版社 2016 年版，第 101~108 页。

本，增加了社会总体福利。人工智能降低的搜索成本依赖于先进的
网络技术、数据库技术和搜索技术。真正人工智能意义的搜索技术
与简单的关键词搜索技术的不同在于，人工智能搜索是按照推理方
式进行问题求解。原有的数据库关键词搜索技术对创作者的搜索成
本降低得并不多，因为关键词的短语表达本身不具有可版权性，搜
索到含有关键词的作品并不能解决创作者发现是否复制的问题，仅
是缩小了搜索范围，未改变创作者通过自身人力搜索的本质。人工
智能专家系统的搜索模式是建立演绎推理系统，从知识库中进行问
题求解，由此形成的搜索结果精确度将大为提高，范围将大为缩
小，从而极大地降低搜索成本。由此必然造成创作者的创作成本极
大降低。这种创作成本的降低，在相同著作权保护强度下，必然产
生创作者的利润提高，形成创作激励。但按照前面的原理，如果因
技术使用这种外部条件导致创作成本降低，著作权的保护强度也应
当随之降低。即便如此，在著作权保护强度降低的情况下，创作者
因为提高了搜索效率，接触到更多表达的概率也会增加，进而使创
作者无故意重复的可能性降低，促使原创性作品增多。

（二）《著作权法》权利保护路径方法的价值

1. 理性版权主张人偏好隐藏人工智能创作事实

前面提到的北京互联网法院人工智能著作权案的诉争作品被认
定为人工智能生成，法院并未用"人工智能"概念来对其生成过程
进程进行界定，而是通过对作品生成路径的分析得出其并非自然人
创作的判断。按照前述人工智能技术的介绍，在当前的技术条件
下，能够在事后被识别为通过非人力完成的生成物成果都不具有可
版权性。其原因并非系非人类创作，而是该成果均非能够获得版权
保护的表达。例如，目前的自动翻译技术，会有人先将一种语言的
作品翻译成另一种语言，然后再将这个另一种语言形成的作品再用
原语言翻译回来，形成与原作品不同的表达，通过抽象概括法其显

然是可以识别的。不能断言，除机器学习技术外，其他的人工智能技术就不能产生可版权性的表达。通过编撰算法驱动生成文字作品、音乐作品、美术作品甚至电影或类电影作品都是可能的。但是，如果开发者是将创造性表达通过算法程序实现而不是通过搜索复制的他人表达，算法技术便仅是工具，不应当将其看作是非自然人创造。无论是否可识别，如果对该成果形成了利益追求，按最大理性原则，若人工智能是利益诉求障碍，主张权利者必然隐瞒该事实，减少自己的利益实现成本。波斯纳认为："人不仅在经济事务中，在所有的生活领域都是理性的功利最大化者。人们会对激励作出反映，即如果一个人的环境发生变化，而他通过改变他的行为就能增加他的满足，他就会那么做。"❶如果一个人持有一个不能被证明是人工智能创作的作品，而他是这个作品的第一个人类接触者，如同经济学关于财产权的沉船打捞理论，第一个打捞者通过占有获得所有权，财产权制度使其收回了占有成本（包括打捞成本和维护成本），竞争使他更早地完成作品进而减少社会成本，所以他有动力及时主张作品版权。但是，如果他承认是非自身智力成果，便等于抛弃财产价值，无法收回占有成本，并认可竞争者重新占有，这不但不符合最大理性原则，也是对社会成本的无谓损耗。

2. 人工智能作品公有化的错误

有观点认为，应将人工智能作品直接引入公有领域，以解决权利不明的问题，认为在开放共享式经济模式下诸多人工智能生成成果实际上也是利用共享数据信息，公众也应得以免费阅读、欣赏和使用。❷反对观点认为，这将导致人工智能作品在创造、使用和传播过程中遭遇类似公共物品"公地悲剧"的市场失灵结果，导致资源

---

❶ ［美］威廉·M. 兰德斯、理查德·A. 波斯纳：《知识产权法的经济结构》，金海军译，北京大学出版社 2016 年版，第 4 页。

❷ 冯晓青、潘柏华："人工智能'创作'认定及其财产权益保护研究——兼评'首例人工智能生成内容著作权侵权案'"，载《西北大学学报（哲学社会科学版）》2020 年第 2 期，第 39 页。

浪费和无效率经营的不利结果。这两种对立的观点其实都忽视了版权法对公共领域的处理逻辑。版权法通过权利期限、权利范围、权利限制的规范为公共领域留下空间。因此，如果构成版权保护价值，是否进入公共领域按照前述版权规则调整。不属于版权保护的财产，是否属于公共领域，也应按照财产法的逻辑处理。但是，无论是否具有版权价值，人工智能作品都不具有进入公共领域的条件。按照法经济学的观点，法律只有在极度稀缺性资源并且交易成本过高的情况下，才进行权利初始配置。❶人工智能生成作品不具备这样的属性，因此不存在与公共领域相关的情形。好莱坞影星库珀在电影《永无止境》中扮演的才思枯竭的潦倒作家在获得神奇药丸后创作了广受欢迎的小说，但该片情节始终贯穿着库珀是如何隐藏这些药丸和隐藏服药事实。人工智能可能就是这个神奇药丸，但不会有人公开承认用了它。

(三)《著作权法》公共利益目标实现价值判断

1. 人工智能创作物版权保护提高了简单复制成本

人工智能作为一种计算机技术，其生成物首先是计算机识别的代码，因此会被快速、精确和低成本复制，复制成本甚至几乎为零。如果不想被简单复制品所替代，软件的开发者基本上都会利用加密技术措施阻止复制和反向工程。为使这种版权保护的技术方法能够稳定地获得收益，著作权法禁止避开和破坏技术措施。❷所以，虽然加密技术使软件开发人增加了生成成本，但由于其提高了非授权复制品边际成本，在相同价格情况下减少了替代品数量进而增加了自身产品需求，而《著作权法》专门为加密技术设立保护等于提高了作品保护强度，对作者的利润形成了双保险，进而形成了对创

---

❶ [美] 威廉·M. 兰德斯、理查德·A. 波斯纳：《知识产权法的经济结构》，金海军译，北京大学出版社 2016 年版，第 70 页。

❷ 我国《著作权法》第 49 条第 2 款。

作更强的激励。而复制者同样会想尽办法来破解加密措施，法律并不能提供及时、有效的救济，于是形成了技术上的"军备竞赛"，虽然增加了无谓成本，但是在竞赛中的成功者会成为"通吃"的赢家，能收回全部成本。当今加密技术的普遍运用足以说明这些技术手段已经可以抵消这些无谓损失了。Matlab 科技工程应用软件的广泛使用就说明了这个问题，我国各大高校和科研机构被禁用该软件后，短期内并无相同质量的替代产品，更重要的是没有关于市场存在盗版软件的消息。因为著作权法禁止规避技术措施条款使各高校和科研机构不敢使用未经授权的复制品。❶从这个意义上说，软件开发者美国 MathWork 公司无疑是成功的。反过来，这也必将激励我国从事该工程软件的研发与创新。

2. 人工智能作品能够遏制恶意侵权

不是所有的作品都能通过加密技术提高复制成本。人工智能生成物如果是文字作品、美术作品甚至电影作品，加密措施不能完全保证不被复制。具有版权价值的人工智能生成物的创作成本因存在人工智能技术利用成本，实际上要高于人类智能创作成本。如果增加加密技术成本，无疑会增高作品的生产的边际成本，降低作者利润。所以，作者会寄希望于著作权保护的增强，通过加强保护提高简单复制成本。正如前面提到的任何作品都是在前期作品基础上完成的，本质上，除机器学习之外的人工智能技术（如智能编辑、智能搜索、数据处理等），都属于复制技术，只是这种复制是在禁止实质性相似的规则下完成的。因此，简单的复制技术尽管成本很低，但被认定故意侵权的可能性极大，在惩罚性赔偿规则已经建立的情况下，其侵权复制品的边际成本将极大提高，很可能退出竞争，进而使人工智能创作成为主流。

---

❶ 关于 Matlab 软件的知识产权问题，我国各高校使用者的理解是否正确值得商榷，不管使用者如何考虑其自身的因素，未经授权使用该软件未必一定导致侵权。

3. 人工智能同人类智能在作品上竞争会提高社会创作总量和水平

人工智能作品同样是社会生活中人类智慧的产物，尽管是人类智慧间接发挥作用的结果，但这个结果不是随意的人类游戏，而是以满足人类需求、实现人类最大福利为目标。人工智能就是"研究如何使计算机做事让人过得更好"。❶著作权法的根本目标是通过激励创作实现全社会获得文化作品总量的福利增加，人工智能技术运用既能提升这种文化总量又能激励这种文化总量创作。因为，人工智能创作物同人类智能作品同时进入市场竞争，各具优势。人工智能搜索成本低，但创作效率也低，难以创作高版权价值作品，而人类智能搜索成本高，但创作成本低。因此，同样价格的低创造性作品，人类智能的竞争力低于人工智能，而高创造性作品则正相反。所以，人工智能创造物同人类智能作品同等竞争，会激励人类去创造高版权价值作品，进而提高整个社会高价值文化产品的数量，不但可以提高整个社会文化福利的数量，更可以提高福利水平。由此可以看出，那些主张不应将人工智能作品纳入版权保护而是将其作为其他财产权的观点，忽视了人工智能技术对社会进步的激励价值。人工智能创作的具有版权价值的作品如果不同人类作品在同等领域竞争，就会导致高版权价值的人工智能作品价格低于低版权价值的人类智能作品，而低价值人工智能作品边际成本更高，由此不但可以抑制人工智能产品生产，更严重的是抑制生成具有独创性作品的人工智能技术的发展。另一方面，人类创作失去人工智能作品的竞争，便等于失去了进化驱动，不但创作总体水平不能形成实质性提高，更严重的是，人类会基于成本考量，借助人工智能技术创作低价值作品，引发总体创作水平的倒退。目前一些短视频软件的走红就是例证。

---

❶ 蔡自兴等：《人工智能及其应用》（第 5 版），清华大学出版社 2016 年版，第 3 页。

四、人工智能生成物可版权性法律判断原则

(一) 平等对待原则

1.《著作权法》公平竞争目标要求

随着人工智能技术的发展，深度学习技术已经能够实现无监督学习，在视听领域已经能够创作出具有高创造性价值的作品。深度学习技术可以通过学习样本，凭借生成式对抗卷积网络，自主生成媲美摄影师拍摄的图像，并可以达到高艺术价值。这种技术甚至能将古代绘画中的人物制作成逼真的动态人物视频。这些作品的独创性毫不逊于人类作品。对于这些作品，不予版权保护，而采取邻接权、普通财产权等独创性价值之外的利益保护，理由仅是因为生成的工具是人工智能，而推断无人类的创作，这是不符合著作权法基本的公平竞争价值的。公平对待是民商法的基本价值，赞成这种不予版权保护做法的观点认为民商法的公平、平等是针对主体而言的，而作品是客体，不违反公平性。但是，客体是主体实现权利和利益的媒介，同主体是分不开的，最终都反映到主体的利益实现。规则都是依赖客体的不同而建立的，相同的客体适用相同的规则，而客体是否相同是按照外观标准判断的，这是民法交易秩序的基本逻辑。同样是汽车，所适用的动产交易规则或者产品规则都是一样的，不会考虑是无人驾驶汽车还是有人驾驶、是豪华型还是普通型。摄影比赛是不允许运用任何电脑修复技术的，更何况是人工智能技术。但是，这不代表经过电脑修复的照片不被允许同未经技术干预的照片一同拿到市场上交易。当然，在交易时应披露照片的生成信息，但这不是区别对待适用规则，而是相同规则适用，选择权掌握在消费者手中。著作权法不是艺术评价法，是通过保护作品的市场交易价值来实现整体的社会文化产品总量的提高和传播。人工智能作品也是人类社会的文化产品，只不过其是一种特殊工具运用

的产品,交易价值应当由市场决定,而不是由法律提前确定。只要不违反交易规则,不是侵权复制其他人作品,便应当在相同的市场机制中同其他作品公平竞争,这样才能达到著作权法所追求的目的。前面提到的人工智能作品,如果所有人用其参加创作比赛,便是欺诈行为,但是将其作为文化产品销售,消费者支付的价格高于其他低于其艺术价值的人类作品,便是正当的。如果其人工智能作品得不到版权保护,便等于降低了简单复制门槛,使侵权复制品的成本极大降低,导致这些作品价格远低于那些低价值的人类作品,无论如何都不是公平竞争的结果。

2. 工具视角下的平等原则

人工智能技术生成的作品平等纳入版权保护,除了其工具属性外,还因其技术的革命性导致版权作品的新类型形成,像前面提到的利用对抗卷积网络算法技术自动生成的图片,是不能被视为摄影作品的,但似乎也不是《著作权法》中的视听作品。在这种情况下,应当视为其他作品。即使像这种无监督学习的卷积网络技术,人类也并非毫无创作干预,样本的选择或者样本选择程序、算法技术的选择同样是机器依靠人类设定的规则来执行人类想要其达到的效果。机器无法偏离人类设定的规则,机器受规则的约束和确定性的本质阻止了机器创造的可能性。人工智能是传递创造力的机器,其根源还是来自人类的创造力。

3. 公共利益价值衡量的要求

著作权法的终极目标是提高整个社会的文化产品总量,进而增进整个社会的文化福利。人工智能创造物作品是社会文化产品中的一部分。将来随着技术的进步,该种作品所占的比例将进一步增加。将有价值的人工智能生成物排除在版权保护外,背离了《著作权法》提高整体文化福利的目标,降低了整个文化产品的竞争水平、遏制了创造性技术的进步、减少了整个文化作品的创作激励,最终后果就是降低整个社会文化福利水平。因此,如果平等竞争,便等于对人类创作作品提出了更高要求，人类的思想内涵在创造上具有天然优势，只要在表达上提高就能创作超出人工智能价值的作品。

（二）效率原则

1.《著作权法》激励机制的要求

著作权法产生文化、艺术、科学作品创作的激励的经济学上的原理就是通过选择适当的版权保护强度，提高侵权复制件成本，进而降低侵权替代产品市场数量，保证作者收回创作成本并实现收益预期，进而形成作者获得创作利益的信赖，产生再创作的激励。但是，这种激励制度增加了社会成本，过强的版权保护激励反过来会限制总体激励目标，增加其他作者的创作成本，限制社会创作总量。人工智能作品的创作成本主要在于算法技术的发明而不是传统上的对已有版权作品的搜寻。对人工智能作品提供版权保护，激励的是算法技术的进步，但激励后果是高价值作品的创作数量增加，更重要的是降低了因版权保护而增加的社会成本。

2. 设置人工智能生成甄别门槛有悖激励目标实现

人工智能技术中能够实现创造性创作的只能是机器学习技术，不同的技术价值取向不同，有些并不以实现独创性为目标，而机器学习技术中只有连接学派的深度学习技术是以实现人的大脑创造性功能为目标的，其他学派（如符合学派）以实现知识推理为目标，贝叶斯学派以实现数据有效分析为目标，类推学派以实现识别诊断为目标，遗传学派以实现仿生智能为目标。这些不同技术流派之间由于采取根本不同的技术哲学，所以目前尚未实现相互融合。而深度学习的算法目前仅能模仿到小鼠的神经元结构，距离人类大脑神经元结构还有很远的距离，更不用说完全实现人类大脑的模拟了。所以，人工智能技术从创作能力上无法同人类竞争，本质上仍然属于人类的创作工具。如果因为使用人工智能技术而不予版权保护，相当于禁止利用提高生产效率的设备生产产品，如同用数码相机形成的照片不是摄影作品，只有用胶片相机形成的才是，电脑绘制的设计图不是作品，手绘的才是。这种做法是逆社会进步的，在创造性成本不变的情况下，不通过版权保护人工智能技术作品，增加的是作者的其他创作成本，也会增加整个社会的成本。同时，作者的创造能力没有提高，因为人工智能创造能力不被允许同其竞争，使作者没有动机创作高于人工智能创造力的作品。

结　语

首先，将人工智能因素作为排除作品版权保护的考量因素，背离了《著作权法》版权判断的基本逻辑，其结果不具有正当性。依此观点，将导致在网络信息技术主导社会生活的当下，《著作权法》的适用失去稳定性和可预期性。另外，市场竞争者基于最大理性必然选择隐瞒人工智能生成的事实，由此会导致诉讼中举证的对抗，对人工智能技术使用的甄别和举证将极大地增加诉讼成本，这个成本是社会成本也是无谓成本，降低的是社会总体福利。其次，排除人工智能生成物作品版权保护，既不利于作品市场公平竞争也不利于通过竞争产生高价值作品。人工智能技术在很长时间内无法实现对人类大脑的完全模拟，其产生的作品在独创性上都是低思想内涵、高表达技巧的作品。最后，排除人工智能版权保护，将遏制人工智能创作作品的技术开发激励和作品创作激励，等于从总体上减少了文化产品。

Analysis of Legal Judgment Methods for the Copyrightability of Artificial Intelligence Product

Wei Xiaodong

Abstract：Artificial intelligence technology should not be an excuse to deny copyright protection to its products. On the contrary, artificial intelligence technology has the functions of reducing social deadweight loss, stimulating human creation, improving the creation level of works, and enhancing the overall social welfare. It is invalid to determine whether copyright protection is created by screening AI existence, which deviates from the basic value goal of copyright law and violates the development rule of AI technology. The ultimate goal of artificial intelligence technology with creative goal function is to simulate human brain. The unsupervised learning algorithm technology adopted by artificial intelligence technology costs a lot to identify the effect, and the works generated by such technology will not be protected by copyright after screening, which will damage the basic efficiency value of law.

Key words: Artificial intelligence, Works, Copyright protection, Works law, Cost of expression

论仲裁裁决不予执行制度的完善路径

——以《仲裁法（修订意见稿）》相关修改为背景*

张　悦** 李明蔚***

内容摘要：由于我国的仲裁司法审查制度存在着公正与效率、立法价值与实践价值、主体特定性以及扩张性等内在冲突，导致司法审查制度在适用当中存在着重复审查问题，为了解决这一问题，《仲裁法（修订意见稿）》删除了不予执行制度的有关规定，并允许案外人以提起异议或者诉讼的方式进行救济，但是直接移除不予执行制度的相关规定可能在避免重复审查的同时带来案外人与当事人执行阶段的救济不平等、执行阶段审查主体模糊不清等问题，并且给予案外人提起异议的救济方式与现行的不予执行制度在效用上并没有太大的区别。鉴于此，我国立法应当在厘清两种仲裁司法审查方式的基础之上对不予执行制度进行进一步的完善，从而发挥两种制度的优势。

---

　　* 基金项目：本文是 2022 年度沈阳市法学会课题"中国（辽宁）自贸区沈阳片区国际商事仲裁司法保障措施研究"（项目编号：SYFX2022025）的阶段成果。

　　** 张悦，辽宁大学法学院讲师，硕士生导师，研究方向：民事诉讼法。
　　*** 李明蔚，辽宁大学法学院硕士研究生，研究方向：民事诉讼法。

关键词：《仲裁法（修订意见稿）》 不予执行仲裁裁决 案外人执行标的异议

一、问题的提出

不予执行制度作为仲裁司法审查的组成部分之一与申请撤销仲裁裁决共同发挥着保证仲裁裁决公正的效用，但由于两者在调整事项上存在着相似之处，致使在司法实践当中两者在适用当中存在着各种问题，引起该问题的根源就在于两种制度的立法背景与设立的目的并不相同，申请不予执行最初的设立目的在于纠正仲裁裁决出现的错误，给予被执行人相应的救济权利，防止对其权利造成损害，但并没有给予申请执行人相应的救济机会。为了给予双方相同的救济权利，同时使我国的仲裁司法审查制度能够与国际接轨，1995 年《仲裁法》作出了申请撤销仲裁裁决这一制度的相关规定。为了能够减少法院对仲裁裁决的过多干预，2012 年《民事诉讼法》在修订之时删除了不予执行当中对实体事项的审查，使两者在审查事项上保持了一致，但同时带来的问题就是两者在审查事项上存在着重复。2021 年 7 月 30 日司法部公布的《仲裁法（修订意见稿）》对社会主义市场经济迅速发展背景下《仲裁法》已经不能满足实际发展需要作出了回应，使我国的仲裁制度能够更加贴近实践的需求，同时也逐渐与国际上的通行规定保持一致，其中较为瞩目的一点就是删除了不予执行制度的相关规定，回应了司法实践当中两者在审查事项因为相同而带来的矛盾冲突。

不予执行制度之所以会进行修订，原因并不单单是两者在事项当中存在着冲突，如果单纯是事项上存在冲突，那么只需要对审查事项在两者之间进行合理分配即可，或者允许当事人在不同的阶段采用不同的审查方式进行审查即可，没有必要直接把不予执行制度从仲裁司法审查制度当中移除。此外，为了避免两者在适用上发生冲突，2008 年 12 月 31 日，最高人民法院施行的《关于适用〈中华人民共和国仲裁法〉若干问题的解释》（本文以下简称《仲裁法解释》）第 26 条明确规定："当事人向人民法院申请撤销仲裁裁决被驳回后，又在执行程序中以相同理由提出不予执行抗辩的，人民法院不予支持。"这明确了两者在适用上存在着先后关系，但是在司法实践当中依旧存在着适用上的矛盾。那么，这背后存在的深层次的原因是什么？如何对两种制度之间的矛盾进行处理，不予执行制度究竟应当如何设置才能满足司法实践的需要，充分发挥其存在的价值？本文将就此问题展开论述。

二、《仲裁法（修订意见稿）》对"不予执行"的修订

（一）修法背景：当下仲裁司法审查制度存在内在矛盾

1. 追求公正与追求效率之间的冲突

公正和效率是在设计仲裁司法审查时必须要加以考虑的一对矛盾，但是这对矛盾的整合至今还是"千古悬案"。仲裁与诉讼程序的不同之处就在于仲裁尊重当事人之间的意愿，以效率作为其追求的首要目标。但是，单纯追求效率而放弃公正是不符合追求效率时所应当遵循的自然正义这一最底线要求的，并且仲裁虽不是诉讼程序，但是作为程序的一种也应当遵循程序的首要价值，❶仲裁应是如此，仲裁司法审查程序也必须对这对矛盾作出相应的平衡。仲裁司法审查程序设立的最初目的是矫正仲裁出现的错误情形，使仲裁的公正性成为获取公众的信赖和援用仲裁的源泉，这也是维护我国仲裁裁决的良好声誉的必然要求。为了尽可能地通过司法审查发挥纠正仲裁裁决错误的功能，我国在执行前和执行后分别设立了相应的审查程序，保证当事人在执行前以及执行后这两个诉讼阶段都能

---

❶ 参见汪祖兴："仲裁监督之逻辑生成与逻辑体系——仲裁与诉讼关系之优化为基点的渐进展开"，载《当代法学》2015 年第 6 期，第 6 页。

够申请司法审查，同时也为申请人与被申请人提供了进行救济的机会。但是，双重救济的模式在最大限度保证仲裁的公正性的同时，拖延了整个诉讼的进程，与仲裁设立之初方便当事人解决纠纷、追求效率的目的相矛盾。我国规定收到仲裁裁决之日起6个月是申请撤销仲裁裁决的期限，这与世界上其他国家规定的1个月至3个月的时间相比要漫长许多，对于申请不予执行的期限并没有明确作出规定，司法实践中当事人可以在仲裁裁决作出之后到执行完毕之前任何一个时间段申请不予执行。并且，由于法律对申请撤销仲裁裁决和不予执行的先后顺序没有作出明确的规定，当事人可能借此机会先申请不予执行再申请撤销仲裁裁决，只要不超过申请不予执行的2年，都可以申请执行，进入到执行程序当中，当事人也可以在执行终结前的任意一个时间段申请不予执行。而依照最高人民法院《关于人民法院办理执行案件若干期限的规定》第1条的规定，执行非诉案件不超过3个月，并且有特殊情况须延长执行期限的还可以申请延长，但对于延长的时间却没有限制。也就是说，当事人可以在很长的一段时间内申请不予执行，这将会使仲裁裁决的稳定性受损，始终处于一种接受司法审查而被撤销的不稳定的状态，这与最初设立的追求效率的目的相违背。

2. 立法价值与实践价值之间的冲突

最初设立不予执行与申请撤销仲裁裁决这两种司法审查方式的目的在于从立法上给债务人提供双重救济，同时能够限制当事人恶意拖延，但是放到司法实践当中，双重救济的目的并没有得到实现，主要体现在程序的设置并不符合双重救济的主要含义上，双重救济是指当事人在第一种审查方式没有得到完全实现的情况下，通过另外一种审查方式弥补第一种审查方式所没有达成的目标，保证第一种审查方式的功能得到充分的发挥。❶但是，从目前我国对仲

---

❶　参见韩平："我国仲裁裁决双重救济制度之检视"，载《法学》2012年第4期，第60页。

裁司法审查方式的相关规定来看，不予执行并没有发挥好双重救济的功能：第一，两种审查方式的适用顺序缺少规定导致不予执行并没有发挥出最后一道保障仲裁裁决无误的屏障作用。第二，2012 年《民事诉讼法》修订之后两者的审查事项基本实现了统一，虽然看起来审查事项相同，可以给予当事人双重的救济机会，但是事实上却恰恰与双重救济的含义不相一致。此外，为了防止当事人在两种审查方式中申请审查的事由相同，利用仲裁司法审查程序拖延整个仲裁的进程，最高人民法院《关于人民法院办理仲裁裁决执行案件若干问题的规定》（以下简称《仲裁裁决执行规定》）以及《仲裁法解释》都对以相同事由申请不予执行作出了禁止性规定，当事人也因此失去了第二次救济的机会。第三，我国目前针对仲裁司法审查也没有设置专门的救济程序，通过上诉或者复议进行双重救济的目的也因此破灭，立法最初开始的双重救济的设想因为立法的规定最终也就没能够实现。

3. 申请主体的相对性与裁决效力扩张性之间的冲突

两种审查方式的申请主体还是以仲裁裁决作出的双方当事人为主，司法实践当中虽然存在着第三人通过申请不予执行的方式来维护自己的权益，但这种情况毕竟还是少数，并且《仲裁裁决执行规定》虽然承认了案外人申请不予执行，但是这一规定与《民事诉讼法》的规定不一致，究竟以哪部法律为准存有疑问。但是，不得不承认，仲裁裁决正是因为仲裁裁决的相对性导致法院在进行事实调查时认知范围可能仅限于双方当事人提供的证据，从而忽略掉第三人的存在，并且仲裁裁决虽然作用于双方当事人，但是基于以下的事由仲裁裁决依旧会对第三人的合法权益造成侵害：第一，仲裁属于准司法程序，既判力应当存在于作出的仲裁裁决中，而既判力的对世性以及主观效力在仲裁裁决中的扩张也就决定了仲裁裁决会涉及第三人的合法权益；第二，仲裁裁决一般会涉及当事人之间的物权纠纷解决，而物权具有对世性，仲裁庭作出的仲裁裁决当然也就会波及第三人；第三，在一个债权债务关系中可能会涉及多人，而申请仲裁的可能只是其中的少数人，而其他没有参与进仲裁当中的当事人自然也就会成为潜在的仲裁裁决损害的对象。❶正是基于仲裁裁决存在潜在地侵害第三人的风险，因此有必要为第三人单独设计专门的救济程序。从我国目前的法律规定来看，并没有关于第三人的救济程序，有的学者提出基于仲裁裁决的相对性并不应该专门为第三人设立单独的救济程序，有的学者则提出反对意见认为仲裁主体虽然具有相对性，但是仲裁裁决基于"反射效"也会使仲裁裁决的效力影响到第三人。❷由于缺少针对第三人进行救济的制度，两方当事人很可能就会合意利用仲裁程序对第三人进行侵害，这也是近年来虚假仲裁不断出现的原因之一。

4. 执行的形式化审查要求与不予执行的实质审查之间的冲突

执行机构在执行过程中偏向于债权人一方区别于审判机构在审判过程中的中立地位，这也是民事执行权与审判权、执行机关与审判机关相分离的内在原因，而审判与执行过程的分工决定了执行机关不仅要受审判机关作出裁判的既判力以及执行力的约束，执行机关在执行的过程中也并没有相应的自由裁量权，执行机关的主要任务就是实现法院作出的判决、裁定，执行机关的审查也只能是对判决、裁定进行形式化审查，也就是只对是否具有执行文本，以及执行文本是否符合法律规定的要求进行审查，而不是对执行文本所涉及的实体权利进行进一步的审查，以此来迅速推进执行的整个进程，同时保障法院作出裁判的既判力。2012 年《民事诉讼法》修订时将事实问题以及法律适用问题从不予执行的审查事项当中删除出去，但是这却依旧没有解决执行过程当中实质化审查的问题。因

---

❶ 参见朴顺善、张哲浩："第三人撤销仲裁裁决制度研究"，载《学术交流》2020年第 6 期，第 77 页。

❷ 参见陈晓彤："判决对实体牵连关系第三人产生的效力——既判力扩张及'反射效'在我国判决效力体系中的地位"，载《民事程序法研究》2017 年第 2 期，第 82 页。

为在删除"事实证据不足"的同时新增了"隐瞒了足以影响公正裁决的证据"这一新的适用条件,从文义上解释,"隐瞒了足以影响公正裁决的证据"也就是由于当事人的隐瞒,仲裁机构并没有在充足的证据上作出裁决,这与事实证据不足虽然规定得不同,但内涵是一致的。这也就决定了执行机构在进行审查时必然要对事实问题是否清楚进行重新调查,调查的方式当然也就是实质审查,而实质审查的方式自然也就违背了执行阶段执行机构的任务规定,违背了执行阶段形式化的要求。此外,依据《仲裁裁决执行规定》第11条的规定,人民法院对不予执行进行审查时应当组成合议庭进行审查,合议庭进行审查在大部分情形下都是实质审查。在司法实践当中,不予执行仲裁裁决案件亦存在或交由审判庭审查,或交由执行庭审查的情形,主要交由执行内设机构裁决庭法官具体审理。❶这种做法容易使审判权的行使发生移位,从审判阶段移到执行阶段,进而使审执之间的界限变得模糊,不符合执行阶段的任务设定。执行机构能够再行推翻作出的仲裁裁决,降低仲裁裁决的权威性。而执行阶段的实质审查带来的最大问题也就是拖延执行程序的继续进行,增加仲裁裁决的执行难度。

(二) 立法修订:舍弃"不予执行"

1. 删除不予执行制度的相关规定

现行《仲裁法》第6章第63条规定:"被申请人提出证据证明裁决有民事诉讼法第二百一十三条第二款规定的情形之一的,经人民法院组成合议庭审查核实,裁定不予执行。"而《仲裁法(修订意见稿)》则直接删除了该条规定,并且在本章当中没有再给予当事人申请不予执行的机会。可以说,《仲裁法(修订意见稿)》对不予执行制度持废除的态度,而对为什么废除不予执行制度,司法

---

❶ 参见黄忠顺:"民事执行机构改革的深度透析",载《法律科学(西北政法大学学报)》2016年第4期,第172页。

部官网所发的《关于〈中华人民共和国仲裁法（修订）（征求意见稿）〉的说明》（以下简称《征求意见稿说明》）提道："申请撤销仲裁裁决和不予执行仲裁裁决两种司法监督方式存在内在冲突……依据审执分离原则，为解决撤销程序和不予执行程序对仲裁裁决重复审查和易造成结果冲突的问题，将撤销程序作为司法监督仲裁裁决的一般原则，删除了当事人在执行程序阶段提出不予执行审查的规定。"从中可以看出两种司法审查方式之间的内在冲突，在司法实践当中两者在适用上存在着疑难问题，这是导致删除不予执行的直接原因。

2. 在执行阶段允许法院对公共利益进行主动审查

虽然《仲裁法（修订意见稿）》删除了执行阶段不予执行制度的相关规定，但由于有时仲裁裁决会直接牵扯公共利益，并且有时在申请撤销仲裁裁决中发现不了损害公共利益的情形，或者说当事人在执行前因为各种原因没能向法院申请撤销仲裁裁决，为了给予当事人最低限度的保障，《仲裁法（修订意见稿）》在删除不予执行制度的基础上在执行一章中新设立了法院对涉及公共利益进行主动审查的规定，"人民法院经审查认定执行该裁决不违背社会公共利益的，应当裁定确认执行；否则，裁定不予确认执行"。这相当于要求法院在执行前对仲裁裁决的效力主动进行审查，但对于审查的事项是否还包括其他情形，《仲裁法（修订意见稿）》没有进一步说明，而是在《征求意见稿说明》中给出了答案，"删除了当事人在执行程序阶段提出不予执行审查的规定，同时赋予执行法院对裁决是否符合社会公共利益的主动审查权"。可以看出，《仲裁法（修订意见稿）》将执行阶段法院主动审查的事项仅限定在公共利益上，其目的主要是防止当事人利用在执行阶段缺少审查的步骤从而利用仲裁裁决损害公共利益。

3. 允许案外人通过异议或者提起诉讼进行救济

案外人如何在仲裁裁决当中进行救济是仲裁裁决一直需要解决

的难题，而这一难题"难"的主要原因就是仲裁的相对性。相对性要求仲裁的主体只有双方当事人，除了双方当事人之外其他第三人都没有办法像诉讼程序，样通过第三人制度参与进仲裁的程序。不少学者对于第三人的救济方式也进行了相应的探讨。例如，有的学者认为，基于仲裁裁决对于事实认定和对仲裁裁决标的的裁决可能会对他人造成影响以及可能会影响到后案的解决，应当允许案外人通过提起第三人撤销之诉的方式进行救济。❶而有的学者则认为，基于案外人准入制度可能会与仲裁程序的设置不相匹配以及与双方当事人意愿相违背等原因，应当通过案外人异议之诉的方式进行救济。❷最终，《仲裁法（修订意见稿）》采用了上述第二种观点。《仲裁法（修订意见稿）》第 84 条规定，案外人可以通过提起异议的方式进行救济，而第 85 条则允许当事人通过提起侵权之诉的方式进行救济。《仲裁法（修订意见稿）》在利用新设程序和利用现行程序上选择了后者，而对于具体的原因，《征求意见稿说明》并没有详细提及，这可能与第三人撤销之诉目前在我国并不完善以及存在的各种争议有关。

三、《仲裁法（修订意见稿）》舍弃"不予执行"的利弊衡量

（一）删去"不予执行"的优势分析

1. 防止两种制度在功能上发生冲突

舍弃不予执行能够从根本上解决两种审查方式事项相互冲突的问题，并且通过给予当事人提出复议的权利，保证当事人在法院作

---

❶ 参见张卫平："仲裁案外人权益的程序保障与救济机制"，载《法学评论》2021年第 3 期，第 38~39 页。

❷ 参见谷佳杰、张健祯："仲裁案外人准入制度之质疑"，载《海南大学学报（人文社会科学版）》2022 年第 4 期，第 4~5 页。

出裁定之后仍可以申请救济，实现最初设立司法审查制度时想要达成双重救济的目的。本文认为，一般救济程序的设立应当遵循以下几项原则：首先，适度救济原则。所谓的适度救济原则是指救济程序的设立应当与权利所处的场域保持一致，要与权利的重要程度相适应。其次，救济的必要性原则。救济的必要性原则是指提供哪一种救济程序应当与受侵害权利的属性、受侵害的大小相当。最后，比例性原则，即指对救济程序所产生的不良影响应当进行综合权衡，保证制度设立的功能不超出预期。❶从以上三点出发，考虑到仲裁程序一开始就是通过双方当事人达成的协议启动，相较于普通的诉讼程序，当事人在仲裁程序中对自己的权利拥有更多的处分权，当事人在仲裁程序当中自然也能作出更多的选择，在仲裁司法审查的过程当中就不应当对当事人的权利有过多的干预。两种审查方式并存本身并不是问题，因为程序性事项在两种审查方式中占据大多数，并不会对当事人在仲裁当中的实体处分权造成过分的干涉。但是现行的审查方式对同一事项重复进行审查，对仲裁裁决的过分干预拖延了仲裁的进程进行，法院的过分审查已与仲裁的自愿性相违背，不利于仲裁优势的发挥。《仲裁法（修订意见稿）》舍弃不予执行的做法是符合适度救济原则的，同时为了保证仲裁司法审查的正确性，给予当事人复议的权利，在实现双重救济目标的前提下，也能够满足当事人的救济需要。

2. 提高了对当事人救济的效率

不仅诉讼程序与非诉程序要讲究公正和效率，救济程序也应当将公正和效率纳入考虑的范围，保证两者之间形成平衡，舍弃掉不予执行换成申请复议的方式，复议的期限一般较短，能够最大限度地保证法院的审判需要，同时也能兼顾当事人的救济需求，并且执行程序与审判程序相比较两者在功能上以及价值上的差异决定了以

---

❶ 参见韩静茹："民事程序权利救济机制的建构原理初探"，载《现代法学》2015年第 5 期，第 143 页。

公正为主要价值的争讼救济方式无法适用于执行领域。审判程序当中法院居中裁判，双方当事人的地位平等。法院的主要任务是居中作出判断，因为涉及当事人的实体权利，法院自然要以公正作为首要价值。而执行以实现债权人的权利为主要任务决定了双方当事人的地位并不平等，因此自然要以效率为主要的价值。《仲裁法（修订意见稿）》删除不予执行，避免了重复审查。仲裁的一方当事人也就没有了申请完撤销仲裁裁决之后再利用不予执行拖延仲裁的机会，并且缩短了申请撤销仲裁裁决的期限，能够督促当事人在仲裁裁决作出之后尽快行使自己的权利，提高当事人的救济效率。

3. 保障了执行程序的稳定性

执行之所以要讲究稳定性，原因就在于审执功能的划分要求在执行阶段不能够对审判机构作出的判断进行更改，否则将会违反职能的划分，也会对已经作出的判断的既判力形成挑战，即使作出的判断发生了错误也应当交由审判监督程序进行纠正，而不能在执行阶段就由执行机构擅自决定其效力。其次，在执行程序当中如果否定仲裁裁决的内容，将会影响执行程序的顺利进行，并且已经执行完毕的部分可能会引发执行回转的启动，浪费司法资源。再者，执行标的可能涉及案外人的合法权益，如果执行不稳定，执行机构能够随意更改审判机构作出的判断，民事程序的公信力也会下降，人们可能会对诉讼与非诉程序解决纠纷的有效性产生怀疑。《仲裁法（修订意见稿）》舍弃不予执行而仅限于对公共利益进行审查，尽可能地保证了执行程序的平稳运行，并且设置了执行文赋予的程序，保证对于存在问题的仲裁裁决能够在进入执行程序之前就被排除掉，执行程序也能够因此平稳地运行下去。

(二) 删去 "不予执行" 的劣势分析

1. 案外人与当事人执行阶段的救济不平等

"若有权利则必有救济"，尤其是在执行阶段，虽然有执行形式化的审查要求，但是可能还是会发生执行机构在严格遵循了法律规定的前提下，在事实上侵犯或妨碍当事人实体权利的情况。执行形式化也并没有要求在执行阶段放弃任何对当事人进行救济的手段，如果一概舍弃在执行阶段对当事人的救济方式，虽然符合执行阶段形式化的要求，但是却没有考虑到当事人在执行阶段之前没能申请救济只是因为自己没有发现自己的权利受到侵害。这样对于当事人来讲其实并不公平。并且，其他国家在执行阶段实行的也是形式化审查的原则，并没有因为保留了形式化的审查原则就放弃给予当事人其他救济的途径。例如，德国就规定，如果对执行标的有异议，当事人可以在执行阶段向法院提出执行异议之诉。《关于民事执行活动法律监督若干问题的规定》虽然赋予了检察机关对仲裁裁决在执行过程当中进行监督的权力，但该规定较为原则，实际可操作性并不强，并且申请异议要通过检察院这一关，最后异议能否到达法院存有疑问。检察院提出异议的方式还是通过检察建议这一种方式进行，效力较弱，并不能保证对法院具有约束力，不利于当事人实施有效救济目的的实现。

目前《仲裁法（修订意见稿）》增设了允许案外人在执行阶段向人民法院申请执行异议的规定，执行阶段在不允许当事人提出不予执行申请的前提下，案外人作为仲裁裁决间接影响到的人却可以提出执行异议，这样的规定容易让人产生疑问。《仲裁法（修订意见稿）》并没有规定案外人申请异议的事项，在实践当中，案外人提出异议一般并不是因为执行行为违反了法律规定的程序，而是因为仲裁裁决侵害了自己的实体权利。《仲裁法（修订意见稿）》虽然没有具体规定允许案外人申请异议的事项，但是对执行标的的归属问题进行审查就是一般案外人提出异议的目的。而标的物的归属问题属于实体问题，在法律对执行审查事项规定并不明确的情形下，允许案外人申请对仲裁裁决的实体性事项进行审查却没有当事人在执行阶段实体性权利进行救济的方式，这从程序上来讲并不平等，当事人在执行阶段缺少了获得救济的途径。

2. 执行阶段审查的主体模糊不清

在删除不予执行的基础之上,《仲裁法(修订意见稿)》对执行阶段如何进行审查作出了新的规定,但只是规定了执行阶段由法院对涉及公共利益的事项进行审查,而对于由谁进行审查、如何进行审查都没有明确下来。这样可能导致如下的问题:《仲裁法(修订意见稿)》当中无论是对申请撤销仲裁裁决还是执行阶段的审查都只是简单规定了由法院进行审查,却没有进一步明确是由法院哪一个机构进行审查,这将会影响到仲裁司法审查的具体操作。在一般情形下,申请撤销仲裁裁决案件或交由立案庭审查或交由民事审判庭审查,多数交由民事审判庭具体审查案件。不予执行仲裁裁决案件亦存在或交由审判庭审查或交由执行庭审查的情形,主要交由执行内设机构裁决庭法官具体审理。❶但这只是一般情形,在实践当中,尤其是申请不予执行阶段审查主体并没有实现统一,立法规定应当由合议庭进行审查,但是实践中也不乏由单个法官进行审查的情形。究竟应当由执行机构的哪一具体组织进行审查,而审查的主体究竟是独任制还是合议庭仍存有疑问。在《仲裁法(修订意见稿)》将执行阶段的审查事项主要界定为公共利益时,执行阶段的审查主体究竟应当是谁?组成法官不同将会影响到审查的方式,申请撤销仲裁裁决由审判庭进行审查决定了审查的方式是实质性审查,而不予执行的审查主体各法院做法不统一,审查方式究竟应当是实质化审查还是形式化审查因此也就并不相同。可以说,审查主体的不同决定了审查方式的不同,而审查方式的不同又决定了审理的具体事项应当有所不同。

3. 缺乏具体的审查操作流程

《仲裁法(修订意见稿)》明确规定了执行阶段法院只能对公共利益事项进行审查,但是由于对主体的规定并不明确,公共利益

---

❶ 参见黄忠顺:"民事执行机构改革的深度透析",载《法律科学(西北政法大学学报)》2016年第4期,第172页。

究竟应当采用形式化审查还是实质化审查还存有疑问。再者，公共利益范围如何进行界定？公共利益包含的内容范围广泛，如何对公共利益这个词进行界定将决定法院进行司法审查权力的大小，我国在司法实践当中将公共利益范围一般界定得较为广泛，只要涉及的事项较为重要都可以被界定为公共利益。例如，在基本性原则中，强制性规定都被纳入了公共利益的范畴，而国际公约和其他国家都将公共利益这一词的范畴限定在涉及国家主权等重大事项上，很少在仲裁司法审查程序中对公共利益这一词的具体含义进行判断，这一词的含义究竟有多大，有待进一步明确。

（三）允许案外人通过异议及诉讼进行救济的缺陷

1. 与不予执行的审理期限大致相同

在仲裁法没有给案外人提供相应救济路径的前提下，《仲裁裁决执行规定》允许案外人通过不予执行制度进行救济。《仲裁法（修订意见稿）》将不予执行直接予以移除导致案外人缺少了相应的救济路径。为了弥补这一缺陷，《仲裁法（修订意见稿）》又赋予了案外人额外的救济路径。但是从法律规定的对比来看，《仲裁法（修订意见稿）》将异议的期限限定在提起异议的 30 日以及法院审理的 15 日，而《仲裁裁决执行规定》规定案外人申请不予执行的期限应当被限定在自知道或者应当知道人民法院对该标的采取执行措施之日起 30 日内以及法院审理的 2 个月内。虽然两者之间的时限（尤其是审查的时限）存在差距，但是由于《仲裁法（修订意见稿）》没有进一步否定案外人在提出异议之后如果不服法院的审查结果另行提起侵权诉讼的权利，这就导致在经过法院审查的 15 日之后，案外人很有可能会通过另行提起相应的诉讼请求，并且通过提供相应的担保延长整个审查的时长。如果按照普通诉讼程序的审理时长规定计算，整个过程也将会持续几个月。由此可以看出，虽然《仲裁法（修订意见稿）》规定的案外人异议制度提高了法院对案外人救济的效率，但是依旧会存在案外人通过后续提出相应的诉讼请求的方式导致两者在最后的时长计算上大致相当。

2. 案外人异议缺少更为便捷的救济方式

由上可知，案外人可能会在提出异议被法院驳回之后通过提出侵权诉讼并且提供担保的方式降低整个纠纷解决的效率。我国《民事诉讼法》执行程序编规定了在经历诉讼程序之后，案外人如果存在异议可以在执行程序中通过提出异议的方式中止执行程序的进行，并且如果对法院审理异议的结果不服，后续还可以通过申请复议的方式进行救济。而《仲裁法（修订意见稿）》则没有赋予当事人申请复议的权利，当事人如果对异议的审理结果不服，只能通过后续提起侵权之诉的方式实现对自己的救济，这大大降低了救济的效率。并且，通过提起侵权之诉对异议结果进行救济，有违救济程序设立的比例原则，即救济程序的设立要尽可能地与主体程序相适应，不能救济程序的设立比主体程序的设立更加复杂，防止两种程序在设置上本末倒置。此外，如果允许后续案外人提起侵权之诉，那么整个仲裁的程序将会被大大延长，虽然侵权之诉与仲裁的审理程序相比是一种较为独立的程序，但是其解决的问题已经超出了原仲裁审理程序的范围，而仲裁程序的全部效力最终还是要在执行程序当中得到体现，将执行程序的进行与后续诉讼程序相挂钩，无疑是将一个纠纷拖进两套程序当中进行处理，带来的问题便是解决纠纷效率的大幅下降，不符合仲裁对纠纷解决效率的追求目标。

3. 提出异议的方式本身也不符合仲裁相对性的要求

有学者指出，在第三人撤销之诉存在着争议大，以及仲裁裁决效力没有像判决效力扩张那么大的情形下，直接套用第三人撤销之诉的规定解决仲裁裁决当中案外人的问题并不合适，应当通过案外人提出异议的方式解决。❶但是，存在疑问的是，案外人提出异议也是一项建立在诉讼程序基础之上的制度，而诉讼程序与仲裁程序

---

❶ 参见谷佳杰、张健祯："仲裁案外人准入制度之质疑"，载《海南大学学报（人文社会科学版）》2022 年第 4 期，第 6 页。

两者之间最主要的区别就是诉讼程序不强调相对性，如果直接将案外人异议之诉引入仲裁程序也是不符合仲裁对于相对性的要求的，甚至会引起学者所言的对仲裁基本理论构成挑战的问题。虽然仲裁有对相对性的基本要求，但是考虑到仲裁裁决效力的对外扩张性，以及仲裁裁决所涉及的标的物可能会影响第三人的合法权益，不应当把仲裁相对性作为对案外人进行救济程序设立的"绊脚石"甚至是唯一考量的因素。对此，在不过分考量仲裁相对性的基础之上，案外人异议之诉或者现行的不予执行制度都可以对当事人的权利进行救济，考虑到在已有程序设立的基础之上拓展其功能更符合程序经济的原则，应当继续保留不予执行制度在维护第三人合法权益问题上所发挥的作用。

四、"不予执行"的完善路径探寻

（一）从与申请撤销仲裁裁决的关系角度看

1. 厘清两种审查方式的制度基础和功能定位

两种制度分立在两部不同的法律当中，说明两种制度发挥的功能不尽相同。这主要体现在：首先，发挥作用的阶段不同，申请撤销仲裁裁决在进入执行之前发挥作用，而申请不予执行则在执行阶段发挥相应的作用；其次，主要针对的适用主体有所不同，申请不予执行是为被执行人在执行阶段提供的权利救济路径，而申请撤销仲裁裁决虽然被申请人也能够申请，但从立法背景来看还主要是为申请人准备的，这也是先后设立两种审查制度的主要原因。不予执行除了具有救济被执行人的功能，还具有救济第三人的功能，依法律规定，只有当事人能申请撤销仲裁裁决，其他的司法解释并没有将主体扩展至案外人。而不予执行，虽然《民事诉讼法》规定只能由被执行人申请，但是《仲裁裁决执行规定》允许第三人采用这种方式进行救济。这样做的合理性在于：首先，能够弥补第三人缺少救济途径的缺陷，这一规定的作出能够实现与《民事诉讼法》允许案外人在执行过程中针对判决、裁定进行救济的规定相衔接。再次，如果仲裁裁决只是确认双方当事人之间的法律关系而不进入执行程序就不会对第三人造成损害，因此没必要在执行前赋予案外人对仲裁裁决提出异议的权利。近两年虚假仲裁频发，对第三人造成损害也一般发生在执行阶段，而在执行阶段之前并不会对第三人造成损害，因此也就没必要在执行之前赋予第三人进行救济的途径。在执行阶段赋予案外人进行救济的权利可以不用再为案外人救济单独设计一套程序，避免救济程序的繁琐，也可减少对第三人进行救济打破仲裁相对性的争论发生。最后，将不予执行加入对第三人进行救济的功能能够更好地区分两种审查方式，回应不予执行功能虚置化的疑问。综上，申请撤销仲裁裁决可以定位为当事人进行救济的主要路径，而不予执行可以被视为为第三人设计的救济路径，但是依据上文所述，不予执行也应当具有救济当事人的功能，如果将当事人排除，在执行阶段当事人将缺少救济手段。

2. 厘清两者之间的关系

从宏观上讲，两者之间究竟是一种并行关系还是一种选择关系这一点需要厘清。放眼世界上的其他国家，目前世界上仲裁司法审查方式主要有三种模式：第一种是只存在一种审查方式，例如，在荷兰只存在申请仲裁裁决这一种审查方式，执行阶段法院只会对涉及公共利益的事项主动进行审查，当事人缺少申请不予执行的权利。第二种是允许债务人在申请撤销仲裁裁决和不予执行之间作出选择。第三种是允许当事人在法院驳回申请撤销仲裁裁决之后可以再行向法院申请不予执行。例如，在瑞士，债务人在申请撤销仲裁裁决被驳回后，可以再依据《瑞士联邦民事诉讼法典》提出反对意见要求不予执行。❶当然，两种审查制度同时存在的国家也有，只

---

❶ 参见韩平："我国仲裁裁决双重救济制度之检视"，载《法学》2012 年第 4 期，第 63 页。

不过占少数。从我国目前的法律规定来看，两种审查方式之间应当是一种选择关系，当事人在申请撤销仲裁裁决之后不能再依据相同事由申请不予执行，但是在实践当中体现出来的还是一种并行的关系。从设置目的来讲，二者应当是并行的关系，在缺少对仲裁司法审查进行救济的条件下，当事人在被驳回撤销仲裁裁决请求后可以再行提出不予执行，在执行阶段保证当事人能够另有途径进行救济。

从微观上讲，如何实现两种程序的衔接，使之能够运行流畅，避免重复审查现象的发生是程序设计需要考虑的问题。从仲裁本身的性质来看，尽管应当保证仲裁裁决的公正性，但是依旧应当遵循当事人之间的意愿，同时也应当重视仲裁的效率。因此，两种审查方式之间应当是一种选择性的关系，当事人在申请撤销仲裁裁决的裁定作出之后，如果不服便只能通过复议或者上诉的方式得到救济，不能再申请不予执行。如果当事人没有申请撤销仲裁裁决则应当允许当事人在执行阶段申请不予执行。两者的适用阶段也应当予以明晰，在申请执行之前允许当事人申请撤销仲裁裁决，而一旦进入执行阶段便不允许当事人再行申请撤销仲裁裁决，只能在执行结束之前申请不予执行，以确保两者之间的适用顺序不会发生错乱，能在各自相应的阶段发挥作用。

（二）从"不予执行"制度本身的角度看

1. 应当允许当事人和第三人申请

基于仲裁的自愿性，需不需要救济应当由当事人自行决定，不允许法院妨碍当事人作出决定，申请撤销仲裁裁决是否启动应当交由当事人决定。而不予执行在上文已经进行过讨论，由于不予执行制度与案外人异议制度审理期限相接近，并且案外人异议制度并没有解决好仲裁相对性的问题，因此应当继续按照现行法律规定。不予执行制度在给予当事人救济路径的基础之上为第三人提供相应的救济途径，可以防止当事人因为自己的无心之过错过执行前申请撤销仲裁裁决的机会而在执行阶段缺少相应的救济途径，使当事人与第三人在救济机会上不平等。同时通过不予执行制度为第三人提供相应的救济路径，可以节省立法资源，也能够避免第三人在提出异议之后另行通过提起相应的诉讼请求从而拖延整个仲裁解决纠纷的效率，使目前的制度发挥其最大的效用。

2. 主要对程序性事项进行审查

考虑到不予执行制度当中有公权力介入，为了避免公权力对双方当事人间的仲裁意愿作出过多的干预，以及提升不予执行制度整体的审查效率，同时为了实现审执分离，避免在执行当中对过多实体性事项进行审查，在设置不予执行的事项时应当主要规定程序性事项，默认当事人双方的主要实体纠纷问题在进入执行程序之前就已经解决完毕，如果双方当事人仍有实体权利纠纷，可以在执行完毕以后另行提起相应的诉讼解决，而没有必要在执行程序当中继续纠结。由于上文已经对两者的适用关系以及先后顺序进行了划分，因此应当允许二者在程序性事项上有重合之处甚至是保持一致。但是，如果涉及公共利益的事项则应当由法院主动进行审查，因为此时的公共利益事项已经决定了仲裁裁决不仅在双方当事人之间产生影响，并且事关重大，应当尽快进行审查。

3. 不同审判组织审查不同的事项

执行当中的救济途径基于纠纷的来源不同又可以分为实体性救济以及程序性救济。实体性救济指的是执行过程当中对执行依据产生的争议进行的救济。程序性救济则是指在执行程序进行的过程中对执行行为本身所产生的争议进行的救济。实体救济要解决的是作出的执行依据，也就是判决、裁定以及仲裁裁决存在事实和法律适用上的问题，它所指向的是实体法律关系；执行救济所要解决的则是在执行过程当中所发生的纠纷，它所指向的是执行法律关系。[1]

---

[1] 参见赵秀举："论民事执行救济——兼论第三人执行异议之诉的悖论与困境"，载《中外法学》2012年第4期，第841~842页。

形式化审查这一要求就是为了区分审判阶段与执行阶段的任务，而审判阶段与执行阶段的任务不同也就决定了不同的事项应当由不同的审查主体来进行审查。审判阶段重在解决当事人之间的纠纷，审判机构负责查清案件事实以及解决法律适用问题；执行机构则重在实现法律文书当中规定的内容。上述分工决定了仲裁裁决作出以后，任何与仲裁裁决有关的实体性问题和程序性问题都应当交由审判庭进行处理，如果只是涉及执行程序本身的合法性或者正当性则应当交由执行庭来审查。也就是说，执行当中的救济应当仅限于执行当中出现的程序性问题。我国现行《民事诉讼法》《仲裁法》以及新出台的《仲裁法（修订意见稿）》对申请撤销仲裁裁决和不予执行都规定了由法院审查，但是由法院的哪一机构审查却没有规定，审查部门不同将会导致审查的方式不同。借此应当加以明确，只要是与仲裁裁决相关的问题，不论是实体问题还是程序问题，都应当交由审判部门进行审查。虽然两种审查方式当中有不少程序性事项，但这与执行当中出现的程序性问题分属不同的阶段，执行当中的程序性问题主要是执行文书存不存在、管辖是否正确这些很容易就能够调查清楚，甚至不需要进行调查。而仲裁当中的程序性事项主要涉及的是有无管辖权、是否得到程序性通知、仲裁庭组成是否合法这些都需要进行调查才可以得知，需要由审判机构来完成。

4. 对审查事项的具体内容作出明确的规定

《仲裁法（修订意见稿）》在删除不予执行的基础之上对申请撤销仲裁裁决进行了完善，并新增了许多新的规定。但是对于这些新增制度只是作出了较为原则性的规定，并没有规定具体的操作流程，这可能导致仲裁司法审查在司法实践当中缺乏可操作性。例如，对于公共利益的审查应当是形式审查还是实质审查，涉及公共利益的事项由于事关重大，公共利益事项的审查也将会决定仲裁裁决是否需要被撤销。并且，从我国目前对公共利益所作的定义来看，公共利益一般都涉及事实问题以及法律问题的审查，所以应被纳入实质审查的范围，由审判部门进行审查。此外，公共利益的范围究竟应当被定义为多大，从实际操作来看，虽然公共利益的范围并不清晰，但是司法机关却没有把它当作兜底性条款使用，使用的次数很低，并且法院在使用此条款进行审查后一般都是裁定驳回当事人的请求，很少有真正适用公共利益条款撤销仲裁裁决的。这与公共利益条款的范围界定不清晰是密不可分的，国际上通用的做法是将公共利益条款的范围界定涉及国家主权，国家利益等重大事项，❶而不包括基本原则、强制性规定的事项。对此，笔者建议，因为国内仲裁与涉外仲裁有所不同，涉外仲裁的仲裁裁决在另一个国家申请执行的时候必然要对其是否违反这个国家的主权以及国家利益进行审查，而国内的裁决由于裁决的作出与申请执行都在本国国内，不会涉及与本国的主权相互冲突的情形，因此与外国仲裁裁决审查不同，国内仲裁裁决在进行审查时应当将强制性规定以及基本原则纳入公共利益的审查范围。这些事项都是与本国利益息息相关的，并且强制性和基本原则所规定的事项都是涉及社会秩序或者道德准则等基本问题的，有必要对其进行审查。

5. 设置相应的异议程序进行救济

现行的《民事诉讼法》以及《仲裁法》对于两种审查方式都没有规定救济途径，因为在是否应当对仲裁司法进行审查上再行规定救济方式还存有争议，争议的焦点也都主要集中于仲裁司法审查作为仲裁的救济程序。那么，是否有必要在仲裁的救济程序基础之上另行规定救济程序，作为司法审查程序虽然是对于仲裁裁决所设立的救济程序，但是基于程序的最低正义应当给予当事人进行救济的机会。同时，仲裁司法审查程序设立救济方式也能够确保审查的质量，使审查功能最大化。但是，因为进入司法审查程序已经耗费了当事人一定的时间，所以与提起上诉相比，应当选取耗费时间短、程序复杂程度低、能够提高救济效率的复议作为救济程序。

---

❶ 参见何其生："国际商事仲裁司法审查中的公共政策"，载《中国社会科学》2014 年第 7 期，第 153 页。

The Improvement Path of the Arbitration Non-enforcement System
——On the Amendment of the Arbitration Law (Amendment) (Draft for Comments)

Zhang Yue   Li Mingwei

Abstract: Due to the inherent conflicts between justice and efficiency, legislative and practical values, subject specificity and expansiveness of China's judicial review system, there is a problem of repeated review in the application of the judicial review system, and in order to solve this problem,《The Arbitration Law of the People's Republic of China (Amendment) (Draft for Public Comments)》removes the relevant provisions of the non-enforcement system, and However, the direct removal of the relevant provisions of the non-enforcement system may bring about problems such as inequality of remedies between outsiders and parties at the enforcement stage and ambiguity of review subjects at the enforcement stage while avoiding repeated reviews, and the remedy of filing objections by outsiders is not very different from the existing non-enforcement system in terms of effectiveness, in view of which Our legislation should further improve the non-enforcement system on the basis of clarifying the two types of judicial review of arbitration, so that the advantages of both systems can be brought into play.

Key words:《The Arbitration Law of the People's Republic of China (Amendment) (Draft for Public Comments)》, Non-enforcement of an arbitral award , the objection of outsiders

【学术新声】

房地权利结构制度研究综述

郭　宋*

内容摘要： 表面上看，我国学界对房与地之间的物权结构关系形成了"房地一体"通说，但学界对"房地一体"的内涵、房地权利间的应然结构及如何建构该结构问题，尚未形成共识。由于房、地在物理上不可分离、房权对土地权源的需求、维持房地整体的经济效益、便于交易以及符合社会习惯等因素，诸多学者主张房、地不可分离的观点。但房地二者在理论上的权利结构，形成了一体处分说等五种学说。而"房地一体"与房权独立性、房权人权益保护和房、地要素流通间矛盾，使"房地一体"主义自诞生之日起就备受质疑。应然分离说针对为房权提供土地权源这一核心问题，提出了权能分离、权利束和认可租赁权三条权利结构重置路径，但并未消弭应然一体说的争鸣。未来应从提高不动产要素市场配置效率出发，建构房地权利结构，区分永续房权和有期房权、永续权源和有期权源，此为有实践价值的研究方向。

关键词： 观点综述　房地权利结构　房地一体　房地分离　正当权源

---

* 作者简介：郭宋，辽宁大学法学院民商法学专业博士研究生，内蒙古自治区兴安盟中级人民法院法官助理，研究方向：中国民法。

133

2017 年 10 月，习近平总书记在十九大报告中指出："坚持房子是用来住的，不是用来炒的定位，加快建立多主体供给、多渠道保障、租购并举的住房制度，让全体人民住有所居。"为完善住房制度、调整相关权利制度指明了方向。2020 年 3 月，中共中央、国务院印发《关于构建更加完善的要素市场化配置体制机制的意见》，明确提出要"推进土地要素市场化配置"，"促进要素自主有序流动，提高要素配置效率，进一步激发全社会创造力和市场活力"。同年 5 月，中共中央、国务院又印发《关于新时代加快完善社会主义市场经济体制的意见》，重申了"以完善产权制度和要素市场化配置为重点，全面深化经济体制改革"，"实现产权有效激励、要素自由流动"等改革目标。同年 10 月，党的十九届五中全会通过《中共中央关于制定国民经济和社会发展第十四个五年规划和二〇三五年远景目标的建议》，再次将推进土地等要素市场化改革、健全要素市场运行机制、完善要素交易规则和服务体系作为十四五期间的重要目标任务。2021 年 6 月，国务院办公厅发布《关于加快发展保障性租赁住房的意见》，针对新市民、青年人等群体住房困难问题，要求"扩大保障性租赁住房供给，缓解住房租赁市场结构性供给不足"。房、地要素的多主体供给、多渠道保障、市场化配置政策连番出台，标志着我国房、地权利结构立法环境的重大变革。而在自然属性上，土地与定着于其上的房屋等建筑物在物理上不可分离，土地无法如一般产品要素那般被直观识别，只能依赖法律从观念上进行界定，这导致房、地权利关系直接决定着土地要素的权属界定、权能范围和交易规则。不同结构的权利配置注定带来不同效率的要素配置，权能清晰和流转自由是提升要素市场化配置效率的前提和重点 ❶，土地权益制度的完善程度和土地权能流转的市场化水平决定了政策的实施成果。由此，房地权利结构关系成了

---

❶ 参见洪银兴："完善产权制度和要素市场化配置机制研究"，载《中国工业经济》2018 年第 6 期，第 5~14 页；陈国文："论要素产权保护的法律需求与供给"，载《兰州大学学报（社会科学版）》2020 年第 6 期，第 61~68 页。

相关政策法律化绕不开的议题。

从表面上看，我国学界形成了关于房地权利结构制度的通说，即常被表述为"房随地走、地随房走"的"房地一体"主义❶。但仔细考察可知：第一，学者们对"房地一体"内涵的理解并不完全相同，不同理解之间却少有对话，这些解释上的区别导向不同的法律后果，加剧了房、地权利结构制度的不确定性；第二，学界对"房地一体"模式早有批评，只是因为"房地一体"模式被立法广泛采纳、长期施行而致议论渐息，但"房地一体"的弊病并未解决，随着土地资源的日益稀缺与房价高企，"房地一体"模式的弊病越来越不容忽视；第三，为修正现行房、地权利结构制度，学者提出了不同的解决方案，方案之间分歧较大，缺乏对比分析和检验；第四，对房地权利结构的不同理解造成学者在探索居住权制度、建设用地使用权续期制度、土地要素市场化配置政策入法等问题时无法建立讨论的共同前提，使相关研究难以有效对话和伸展。于此，有必要梳理"房地权利结构制度"的研究成果和争议观点，并在此基础上分析该主题在未来有待深化研究的具体方向。

鉴于我国城乡土地制度差别较大，集体土地制度正处于改革变动阶段，本文探讨的"房、地"仅限于国有建设用地及定着于其上的诸建筑物，不包括集体所有土地及其定着物。本文将国有建设用地称为"地"，将其使用权称为"地权"，将建筑物、构筑物、附属设施等定着于国有建设用地者统称为"房"，将其所有权称为"房权"；将二者在私法权利层面的结构关系简称为"房地权利结构制度"。

---

❶ 参见王利明：《物权法研究》（修订版·下卷），中国人民大学出版社2005年版，第165页；梁慧星：《中国民事立法评说——民法典、物权法、侵权责任法》，法律出版社2010年版，第112页。

一、研究阶段的梳理

国内学者围绕本主题所进行的相关研究大体可以划分为三个阶段：

第一阶段是 1994 年至 2007 年《物权法》出台期间。在制定《物权法》的背景下，学界总结已有立法的房、地权利结构规则，探索如何配置房、地权利结构制度更有利于实现《物权法》的整体立法目标，即划清产权界限、保护公有制财产、维持财产归属秩序和利于财产流通。虽然《物权法》采纳了"房、地权属分离、处分一体"的特殊权利结构，但学界已经注意到该模式的弊端。为此，学界重点探讨的问题有：如何理解房地权利结构的内涵和交易规则，房权与地权的潜在冲突及其解决方式，房地权利分离尤其是分别抵押的法律效力和法律后果等。

第二阶段是 2008 年至 2016 年。本阶段，我国经济快速增长并进入转型时期，对房地融资需求和用益需求快速增加，房地产开发迎来高潮，房价高企，城镇土地资源日益稀缺，房地权利冲突纠纷频发。虽然《物权法》总体上采纳了"房地一体"模式，但在"宜粗不宜细"立法思想的指导下，对房地权利结构的具体问题缺乏细致规定，加之《土地管理法》《不动产登记条例》陆续修订，房地权利结构制度妨碍要素配置效率、违背当事人意思自治、容易造成利益失衡等缺陷愈加明显。经过长期实践，司法实务界总结了诸多处理房地权利分离的裁判经验，为理论与实践的互动提供了重要资源。在此背景下，本阶段有关房地权利结构制度的理论研究呈现三个特点：一是面对现行房地权利结构模式实施效果毁誉参半的现实，学界的争议分野逐渐明晰，形成了房地权利结构的应然一体说和应然分离说，各自的主要理据也趋于一致，立场随之对立，但双方各执一词，缺少交锋。二是由于《物权法》总体上采纳了"房地一体"模式，因此应然一体说的研究相对更为活跃，他们将

"房地一体"作为研究的前提和目的，眷注于如何使已经分离了的房地权利重新一体化或将其置于一体化制度框架内进行解释，使"房地一体"模式被进一步强化，逐渐从房、地静态权属上的结构关系扩展为房、地动态流转中的结构关系。学界对"房地一体"模式的批评和反思虽然相对式微，但始终存在。三是房地相关制度的发展和司法实践的经验总结为学界提供了多元化视角。例如，伴随商品房预售制度、不动产统一登记制度的出台和盘活存量用地的经济实践，学界从可期待财产利益、地权供给制度和登记制度等角度审视房地权利结构，使房地权利结构制度的研究成果更为全面和丰富。

第三阶段是 2017 年至今。在本阶段，随着编撰《民法典》任务被正式提上日程，为重思房地权利结构制度提供了新的契机。多年来，房地权利强制一体结构已经积累下诸多矛盾，在土地资源紧缺、房价高企、低效存量用地增多、住房制度改革等背景下，需要通过立法增加权能供给、拓展低效房地要素转化渠道，为房地权利归属和流转提供更加稳定的预期。为此，借由对编撰《民法典》的讨论，学界对房地权利结构制度的研究呈现四个特点：一是由于立法上一再强化一体主义，导致应然分离说始终处于立法论研究阶段，而应然一体说则进一步深入解释论研究，二者的对话更少。二是在多年理论的积累下，应然一体说的研究深入到房地权利结构的制度细节，逐步将其研究成果落实到具体规则。涉及的主要问题有：①"房地一体"规则的规范属性；②如何理解"以建筑物抵押的，该建筑物占用范围内的建设用地使用权一并抵押"中的"占用范围"；③如何理解"以建设用地使用权抵押的，该土地上的建筑物一并抵押"中的"建筑物"；④违法建筑物抵押的效力；⑤房地分别抵押的，已成立抵押权对未抵押部分的效力；等等。三是基于编撰《民法典》的研究需要，本阶段对房地权利结构制度的立法论研究几乎全部被嵌入《民法典》编撰的基本理论中。例如，《民法典》的体例设置、财产附合制度的完善、国有土地租赁权的性质、民法典的立法目标、司法适用的成本收益，等等。在这些宏观研究中，房地权利结构制度的底层理论得到了更透彻、系统的阐释，但对房地权利结构制度本身的研究却缺乏针对性。四是应然分离说重点关注房地权利一体与分离并存的理据和路径，提出了限制"房地一体"模式适用范围等设想，完善了权能分离路径和以土地租赁权为房权正当权源的方案，但还未得到广泛认可，有待进一步检验和完善。

在这三个阶段中，学者们始终围绕三个问题进行探讨：①如何理解成文法上的房地权利结构；②应当建构怎样的房地权利结构；③如何建构理想的房地权利结构。本文将以这三个问题为线索，综述我国国内有关房地权利结构制度的学术成果。

二、关于"房地一体"内涵的学术观点

（一）共识观点

王利明指出，我国立法上一方面规定房地权利分别独立，因此没有另行设立地上权的必要；另一方面承认法律视房地权利为一个整体❶，但又未对两种规则的关系予以明确界定。因此，学界在探讨房地权利关系时首先面对的问题是：在规范层面，房地间的权利结构是如何配置的？经过长期探讨，学界已基本形成了共识，即我国立法上的房地权利结构，既不是德国、瑞士式的添附主义，也不是日本式的分离主义，而是一项我国特有的制度。

房绍坤总结，我国所规定的，是房地静态分离、处分一体的立法模式❷；曾大鹏也认为，不能仅因立法既承认土地使用权又承认建筑物所有权，就认为我国施行的是二元主义，还应从内容分析，

---

❶ 参见王利明："关于我国物权法制订中的若干疑难问题的探讨（下）"，载《政法论坛》1995年第6期，第46~48页。

❷ 参见房绍坤：《物权法用益物权编》，中国人民大学出版社2007年版，第184页。

深入到所有权、土地使用权、地役权、抵押权、租赁权等民事权利的得丧变更的事实中可知，我国"在整体上将土地物权与建筑物物权强行捆绑在一起，实际上是一元主义的，从而形成了我国土地与建筑物之间'貌离神合'的独特法律状态。❶卢东慧认为，我国施行的是静态权属上坚持房地主体一致、动态流转上强调房、地一体处分的"房地一体"模式。❷蒋晓玲、李永军也认为，大陆法系一般有添附主义和分离主义两种立法模式，而我国是第三种立法模式，即"从登记上看，是采区分原则，但在实质上采取'一体处分原则'模式"。❸

（二）争议观点

学界对所谓"房地一体"的内涵及其相应法律后果的理解不尽相同，根据学者对一体化对象理解的区别，可分为一体处分说、主从权利说、同一客体说、同一主体说和前提要件说五种。

1. 一体处分说

房绍坤、王利明、高圣平、黄薇主张一体处分说，也可称为价值分离说，认为"房地一体"是指"交易中的房地一并处分规则"，其一体化对象是房权和地权的处分权能：在处分房权时，占用范围内的地权应一并处分；处分地权时，定着于地上的房权亦应一并处分；没有一并处分意思表示的，法律推定对其中一权的处分效力及于对方，以避免房地主体的人为分离，始终保持房地主体的一致。但由于二者权属分离，价值亦分离，因此应当允许权利人对房地权

---

❶　参见曾大鹏："论民法上土地与建筑物的关系——以一元推定主义为中心的理论探索"，载《南京大学法律评论》2008年第Z1期，第12页。

❷　参见卢东慧："论我国土地使用权与房屋所有权关系的立法模式"，载《经济研究导刊》2011年第5期，146~147页。

❸　参见蒋晓玲："建筑物所有权与土地使用权冲突新解"，载《山东社会科学》2012年第6期，第18页；李永军："论我国《民法典》物权编规范体系中的客体特定原则"，载《政治与法律》2021年第4期，第9页。

利分离抵押或流转，只需在权利实现时一体处分即可，由此形成了房地权属分离但一体处分的特殊房、地权益结构。❶

2. 主从权利说

宫邦友主张主从权利说，认为"房地一体"是因为房屋必须依附于土地而存在，所以房权交易应当总体上从属于地权交易，以土地规则为基础规范房地产资源的配置与流通，以"房随地走"为原则，以"地随房走"为例外。❷"土地与其地上建筑物存在着主从关系，因此主物作为抵押物的抵押权的效力必定涉及从物。"❸由此，"房地一体"中的"一体化"对象应被解释为房权的独立性。

3. 同一客体说

最高人民法院民事审判第二庭、刘贵祥、林文学主张同一客体说，认为《物权法》第 182 条第 1 款在重述《担保法》第 36 条第 1 款"以依法取得的国有土地上的房屋抵押的，该房屋占用范围内的国有土地使用权同时抵押"的基础上，增加第 2 款"抵押人未依照前款规定一并抵押的，未抵押的财产视为一并抵押"的做法，应被解读为立法对房屋等建筑物系土地组成部分的承认。"房地一体"是指"将建筑物和建设用地使用权视为同一财产"，一体化对象是房权和地权的客体，这是由于房与地在物理上不可分离，因此应将房屋等地上建筑物视为土地的组成部分，但当事人可以约定排除

---

❶ 参见王利明：《物权法论》（修订 2 版），中国政法大学出版社 2008 年版，第 266 页；黄薇主编：《中华人民共和国民法典解读 · 物权编》，中国法制出版社 2020 年版，第 514 页；房绍坤：《物权法用益物权编》，中国人民大学出版社 2007 年版，第 184 页；段则美、孙毅："论土地与地上物关系中的分别主义与一体主义"，载《苏州大学学报（哲学社会科学版）》2007 年第 6 期，第 48 页。

❷ 参见王卫国：《中国土地权利研究》，中国政法大学出版社 1997 年版，第 65、67、147 页。

❸ 参见宫邦友："房屋与土地权利主体不一致时，房地产抵押合同的效力及相关权利人的利益保护——兼评四川华通汽车集团公司与中国农业银行成都市总府支行、四川盛世集团有限责任公司借款合同纠纷案"，载《法律适用》2004 年第 2 期，第 68~69 页。

"视为一并抵押"的法律推定，此时适用处分一体说。❶

4. 同一主体说

张双根、最高人民法院民法典贯彻实施领导小组主张同一主体说，认为"房地一体"中的"一体"应作最一般意义上的"法律上共其命运"理解，其一体化对象乃是房权和地权的主体，因而"房地一体"是指在房、地权益得丧变更的各个环节，以任何一个时间点观察，只要地上有房，房地权利的归属必须一致，不允许"有地权而无房权"，也不允许"有房权而无地权"。❷

5. 前提要件说

常鹏翱主张前提要件说，该说与其上述观点都不同，它将房地权益主体一致作为"房地一体"规范施行的前提，是"房地一体"规范本身的构成要件之一，只有在房地权利本就主体同一的情形下才能适用"房地一体"规范，适用的法律后果类似一体处分说，也即"同一主体"是"房地一体"适用的前提要件，而不仅是法律后果；如果房地在静态权属上本就合法分离，则不具备适用"房地一体"规范的余地。❸

三、关于房地权利应然结构的学术观点

我国是否应当允许房地权利权属分离和分别处分？对此，学界

---

❶　参见最高人民法院民事审判第二庭：《最高人民法院民法典担保制度司法解释理解与适用》，人民法院出版社 2021 年版，第 442 页；刘贵祥："民法典关于担保的几个重大问题"，载《法律适用》2021 年第 1 期，第 23~24 页；林文学："不动产抵押制度法律适用的新发展——以民法典《担保制度司法解释》为中心"，载《法律适用》2021 年第 5 期，第 24~25 页。

❷　参见张双根："论房地关系与统一不动产登记簿册——兼及不动产物权实体法与程序法间的交织关系"，载《中外法学》2014 年第 4 期，第 934 页；最高人民法院民法典贯彻实施工作领导小组主编：《中华人民共和国民法典物权编理解与适用（下）》，人民法院出版社 2020 年版，第 782 页。

❸　参见常鹏翱："《民法典》'房随地走、地随房走'的规范要义"，载《中国高校社会科学》2021 年第 4 期，第 118~122、124~125 页。

形成了对立的两种观点：一种观点认为，房地权利应当一体，不允许房地权利分离；另一种观点认为，应当允许房地权利权属分离和分别处分。为叙述简洁，本文将前者称为"应然一体说"，将后者称为"应然分离说"。综述如下：

（一）应然一体说

应然一体说认为，我国即便承认了房权的物权独立性，也应当将房、地作为一个整体看待，房地权利的归属必须同一，不允许分离。主要理由是：

（1）从物理关系上看，张双根、最高人民法院民法典贯彻实施领导小组、林文学认为，"房地一体"符合"房"与"地"之间物理上的天然联系，建筑物之合法权益必然以土地使用之合法权益为基础，地权与房权不能分离，亦不能分别处分。❶

（2）从权源供给上看，胡康生、崔建远、高圣平认为，房权必须以地权作为自己的正当权源，否则可能构成无权占有，成为"空中楼阁"，"房地一体"能够保证建筑物取得使用土地的正当权源，符合建设用地使用权的设立目的。❷

（3）从经济效益上看，陈甦认为，鉴于有关土地或建筑物的法律行为只能在土地与其上建筑物处于物理上相结合的状态下进行，宜采"房地一体处分"来维持既存建筑物的完整与经济价值。高圣平指出，简化权利群对不动产交易而言最具效率；陈耀东认为，"房地一体"能够简化土地上的权利群关系，便于交易；段则美、

---

❶ 参见张双根："论房地关系与统一不动产登记簿册——兼及不动产物权实体法与程序法间的交织关系"，载《中外法学》2014 年第 4 期，第 934 页；最高人民法院民法典贯彻实施工作领导小组主编：《中华人民共和国民法典物权编理解与适用》（下），人民法院出版社 2020 年版，第 782 页。

❷ 参见胡康生主编：《中华人民共和国物权法释义》，法律出版社 2007 年版，第 329 页；全国人大常务委员会法制工作委员会民法室：《中华人民共和国物权法条文说明、立法理由及相关规定》，北京大学出版社 2007 年版，第 272 页。

孙毅认为，"房地一体"模式还便于不动产物权登记管理。❶

从交易习惯上看，高圣平指出，随着"房地一体"的长期适用，该立法模式已经被我国房地产交易实践广泛接受，成为处理土地和建筑物关系的基本制度，反映了我国相关法律关系的应然选择。❷

（二）应然分离说

应然分离说认为应当允许房地权利合法分离，主要理由是：

（1）从抽象权利关系上看，孙宪忠指出，既然法律承认了房、地都属于独立的物权，则必然会出现两个以上的民事主体分别取得两权的情形，如果此时法定强制发生两权混合处分，则必然导致一个权利人无根据地处分另一个人权利的不合法的情形发生。❸张纯认为，"房地一体"主义过多地强调土地与房屋在物理形态上的不可分，忽视了二者于法律方面及价值方面是可分的。❹从比较法经验上看，曾大鹏认为，世界各国并不是纯粹的采纳一体或分离方式，应以一体为通用方式，但允许分别转让和抵押，但不允许分别租赁。❺

（2）从区分所有理论上看，崔建远认为，在我国内地现行立法方面，房地权利间法律构造是"房屋，独立为一个不动产，土地系

---

❶ 参见陈耀东："土地使用权与地上物所有权的冲突和解决"，载《天津师范大学学报（社会科学版）》2002 年第 5 期；高圣平："土地与建筑物之间的物权利用关系辨析"，载《法学》2012 年第 9 期；赵勇山主编：《房地产法论》，法律出版社 2002 年版，第 21 页。

❷ 参见高圣平："土地与建筑物之间的物权利用关系辨析"，载《法学》2012 年第 9 期，第 38 页。

❸ 参见孙宪忠："我国土地管理法与物权法的相互作用"，载《中国土地科学》1999 年第 1 期，第 7 页。

❹ 张纯："房与地关系法律问题探析"，载《财经理论与实践》2008 年第 4 期，第 126 页。

❺ 参见曾大鹏："论民法上土地与建筑物的关系——以一元推定主义为中心的理论探索"，载《南京大学法律评论》2008 年第 Z1 期，第 96 页。

一个不动产，建设用地使用权或宅基地使用权为一个不动产物权，建筑物或构筑物或附属设施则为另外一个不动产，法律承认三个物"。德国民法施行的是建筑物添附于土地的房地权利结构模式。"减少了协调土地所有权人、建筑物所有权人之间利益关系的环节，转让时无需考虑房地产权属一体的原则及规则，设定抵押权时也不会出现共同抵押权及各个抵押物之间如何分配的麻烦。""不会出现中国现行法上并存着国有土地所有权、国有建设用地使用权、建筑物所有权并存的复杂局面"，但也存在明显劣势。比如，"在确立建筑物区分所有权时障碍明显，不易摆正基地的共有权与住宅所有权之间的关系"。而采取分离主义的日本则可以"毫不费力地确立建筑物区分所有权系共有权、专有权和共同管理权的综合体"，也即分离主义模式有利于建筑物区分所有权中不同物权的识别。我国目前不宜施行德国式的添附主义模式，而应维持土地所有权、建筑物所有权、土地使用权三权分离的分离主义模式。❶

四、关于扩展房权正当权源路径的学术观点

由于立法上采纳"房地一体"模式的主要原因是为房权提供正当权源，因此学界多沿着扩展房权正当权源的进路搭建房地分离结构。主要面临三个问题：一是增加的权源须为正当权源，具有充分的理据基础，能够被妥适地嵌入现行民法的理论谱系；二是该权源具有权源能力，能够承载建筑物所有权；三是要避免特定土地上的权利关系过于复杂。根据所依理据的不同，应然分离说提出了通过权能分离、权利束和认可租赁权三条路径，但也分别遭遇了应然一体说的反对，双方的争议对于完善不动产用益物权体系、健全土地利用制度具有积极意义。

---

❶ 崔建远："不动产附合规则之于中国民法典"，载《江汉论坛》2017 年第 6 期，第 114~115 页。

（一）权能分离路径

权能分离路径是大陆法系创设他物权的基本路径，循此扩展正当权源的基本方案，是从现有地权中再次分离出部分权能成立新的、物权性的土地使用权作为房权的正当权源。

孙宪忠提出，应当促进土地使用权的细化和明确化。"所谓权利细化，就是在承认出让的土地使用权可以进入市场的基础上，将目前宽泛、无所不包的土地使用权按照实践的要求再进一步划分为数种权利类型……土地使用权就将成为我国一系列不动产用益物权的总称，其性质如土地所有权一样。所谓权利明确化，就是要丰富各种权利制度的内容。"❶

苏永钦采用经济分析方法，指出由于地权人无法估量地上权的对价，无法估量交易风险，就只能朝最不利于己的方向打算，为约束地上权人的行为，地权人又不得不设置违约金等避险安排来自保，由此难以作出合理、有效率、低成本的安排。因此，地上权制度无法反映基地利用的真正需求。增加现有土地利用权能供给的理想方案，应当是开放物权次类型的自由创设，将过去当事人之间合意设定的、效力相对的债权关系变成物权内容，"可以大大降低目的不明的估量成本和计划操作成本"。❷

（二）权利束路径

梅夏英认为，所有权应该是一组"权利束"关系，而不是权能分离的关系。比如，"甲将土地出租给乙，那么甲此时享有的权利束为收益权、处分权（主要指法律上的处分）、收取租金权、收回土地权等。乙则享有占有权、使用权，并负返还义务。显然，这些

---

❶ 孙宪忠：《论物权法》，法律出版社2001年版，第410~411页。
❷ 参见苏永钦："物权法定主义松动下的民事财产权体系——再探大陆民法典的可能性"，载《厦门大学法律评论》2005年第1期，第27~28页。

权利束已将甲、乙之间基于土地出租而形成的关系界定得很清楚，在此基础之上再探讨甲在出租前后是否仍享有相同的所有权是无意义的"。❶

冉昊认为，所有权的价值化和利用化使近代所有权向观念性权利转变，不再是对物的现实支配，而是观念支配，归属与支配所得的利益间不再浑然一体. 因此，所有权观念不应仅强调归属，而是必须明确归属后的其他权能。此时应借鉴英美法系做法，区分作为归属的所有权和作为支配的所有权。❷

李国强认为，要素无法被合理高效利用的制度根源是绝对所有权观念下的权能分离理论，依该理论构建的封闭的物权权利体系无法规范市场上层出不穷的各种权利现象。在绝对所有权制度下，权利人为了自利可能导致要素闲置浪费甚至毁损，而在所有权绝对化基础上分离出来的他物权又始终须受到所有权人的制约，导致他物权人所拥有的财产价值无法充分体现，应当打破以"权能分离论"为理论基础、以所有权和他物权为基本体系结构的内在逻辑的物权权利结构，以新视角阐明所有权和他物权的关系，促进传统的他物权制度功能的提升并使新型物权融入物权法体系。❸孟勤国也指出，所有权派生其他物权的理论使所有权的法理地位当然高于其他物权，被认为是母权，他物权在期限、内容、效力甚至设置目的上都服务于所有权，即便是被认为他物权中最绝对的地上权，也依然在所有权的阴影下，这导致所有权与他物权无法平等对话，现代的物

---

❶ 参见梅夏英：《财产权构造的基础分析》，人民法院出版社 2002 年版，第 227~228 页。

❷ 参见冉昊："'相对'的所有权——双重所有权的英美法系视角与大陆法系绝对所有权的解构"，载《环球法律评论》2004 年第 4 期，第 458~459 页。

❸ 有学者从登记程序上分析，认为只有赋予建设用地使用权"准所有权"之身份后，才能实现真正的"房地合体"登记。参见李国强："'权能分离论'的解构与他物权体系的再构成———种解释论的视角"，载《法商研究》2010 年第 1 期，第 37~38 页。

权法制度难以构建。❶

（三）认可租赁权路径

认可租赁权路径的基本方案是，允许以土地租赁权作为房权的正当权源，当房地权利分离或地权到期而房权存续时，法律推定房权和地权间存在法定租赁权作为房权的正当权源。依据对土地租赁权性质的定位不同，可分为债权说和物权说两种。

1. 债权说

曾大鹏认为，在现行的土地所有制下，只有土地使用权才能进入市场流通，为应对房地权利流转问题，应规定为可以意定推翻的推定，即法律不再法定强制推定房权属于地权，允许当事人约定变更，二者在一定条件下可以分割转让，分割转让时，法律推定另行成立租赁关系，构成足以推翻法律推定的情形。❷

蒋晓玲认为，鉴于土地使用权续期费用较高，一些土地使用权人可能无力承受，并且在土地使用权到期后，地上建筑物的使用寿命可能也所剩无几，若让土地使用权人续期显属不利，因此应明确规定土地使用权期间届满后，土地使用权人有租赁所使用土地的权利，该权利性质为债权。❸

韩世远认为，裁判规则的进步必须以法律人的观念更新为前提，在"房地一致"框架内作文章难以实现规则的进步与发展。可以考虑在土地及土地上之房屋出现归属于不同主体，"推定在房屋得使用期限内，有租赁关系"。"其租金数额当事人不能协议时，得

---

❶ 参见孟勤国：《物权二元结构论——中国物权制度的理论重构》（修订版），法律出版社 2020 年版，第 49~50 页。

❷ 参见曾大鹏："论民法上土地与建筑物的关系——以一元推定主义为中心的理论探索"，载《南京大学法律评论》2008 年第 Z1 期，第 96 页。

❸ 参见蒋晓玲："建筑物所有权与土地使用权冲突新解"，载《山东社会科学》2012年第 6 期，第 20 页。

请求法院定之"，作为房权已取得"地"权的依据。❶

2. 物权说

张纯主张通过在地权和房权中间设置土地租赁权为房权提供正当权源。她既反对将土地租赁权仅作为债权，也反对将其作为物权化了的债权，认为前者不足以解释承租人对土地的直接支配，后者则使已经模糊不清的物债二分原则更加模糊，没有实益。因此，立法应当直接承认土地租赁权的物权性质，为房地权利分离时的房权提供正当权源。❷

田瀚认为，作为房权之正当权源的租赁权，应强调其物权属性，将其视为由租赁物交付请求权和租赁物用益权结合交织所产生的一种财产权利，是基于我国社会实践对其中物权性质予以更多承认的一种特殊租赁权。❸

还有一些研究虽然没有直接提出以物权性的土地租赁权为房权提供正当权源，但认为应当承认土地租赁权的物权性质。比如，宋刚认为，租赁权的本质就是一个用益权，应当将把租赁权引入用益物权体系。❹曾大鹏认为，不宜一般地确认不动产租赁权为用益物权，但应将期限为 20 年至 99 年的长期房屋租赁权确认为用益物权。❺又如，张学会指出，土地租赁权的出租主体是国家，法律规定其期限只要不超过同类用途土地出让的最高年限即可，要求登记公示发证，国家也没有对其进行抵押融资作出任何限制性规定，因

---

❶ 参见韩世远："划拨土地上房屋之买卖"，载《中国应用法学》2020 年第 2 期，第 12~13 页。

❷ 参见张纯："房与地关系法律问题探析"，载《财经理论与实践》2008 年第 4 期，第 128 页。

❸ 参见田瀚："对我国'房地一致'原则的进一步探讨"，载《合肥工业大学学报（社会科学版）》2019 年第 1 期，第 54 页。

❹ 参见宋刚："论我国用益物权的重构——以租赁权性质展开"，载《河南社会科学》2005 年第 3 期，第 43 页。

❺ 参见曾大鹏：《建筑物用益物权制度研究——以权利体系的建构为中心》，法律出版社 2009 年版，第 284 页。

此,"通过租赁取得的国有土地使用权利被视为物权"。[1]

3. 对认可租赁权路径的质疑

张国敏认为,租赁关系相较于地上权而言比较脆弱,承租人相对于出租人处于经济上的弱势地位,而建筑物通常是社会生活及营业的中心所在,需要稳定、长久的权利关系。地上权作为物权,能够受到物权法定主义的保护,更为稳固。[2]

刘璐、高圣平也反对以土地租赁权作为房权的正当权源,认为租赁供地模式实际上是我国经济体制改革中为了应对国企改革这一具有阶段性的措施所采取的无奈之举,虽然其后经试点扩大了其适用范围,但均存在规避土地出让规则的嫌疑。依租赁方式所取得的利用土地的权利在性质上仍属于一种债权,无法与以出让方式取得的利用土地的权利——物权(建设用地使用权)——相比拟。国有土地划拨实为无偿适用方式,出让实为有偿使用方式,二者已经周延地涵盖了地权的设立方式。就租赁供地模式而言,与其将其规定为物权化的建设用地使用权,不如完善现行出让供地模式:一方面,明确规定出让供地年限可以由当事人在最高年限范围自由约定;另一方面,强调出让金的交付期限可由当事人约定,即出让金既可一次性支付,也可分期交付,这完全取决于当事人的约定。好处是,一则可以避免租赁物权化这一广受争议的话题,二则可以厘清法理,使供地实践中的做法在法律上得到准确的表达。[3]高圣平指出,"如果设置为任意性规范基于当事人的选择,必然会走向房地权利主体的分离,"租赁权作为财产短期利用的制度安排,不足以

---

[1] 参见张学会:"通过租赁取得的国有土地使用权能否抵押融资",载《中国土地》2017年第9期,第60页。

[2] 参见张国敏:"房地产一致原则质疑",载《河北法学》2004年第7期,第17页。

[3] 参见刘璐、高圣平:"土地一级市场上租赁供地模式的法律表达——以《土地管理法》的修改为中心",载《上海财经大学学报》2012年第2期,第15~24页。

承载建筑物对土地的物权利用。❶

五、已有研究成果总结、启示与展望

(一) 已有研究成果总结

总体上看，学界对房地权利结构的态度比较纠结。学者们发现，如果坚持房地权利分离，则与"房地一体"的诸多规则相互矛盾，且面临为房权寻找其他正当权源的难题，这涉及对财产权体系的总体调整，甚至会动摇物权法的基本原则和基本权利体系架构，而如果坚持一体主义，则与房地权利分离的成文法冲突，又面临实践中房地权利分离的现实需求、土地要素的供给紧张的挑战，与以利用为中心的立法发展方向不符。由此，关于房地权利结构制度的研究走向两端：立法论要进行的突破太多，一直停滞在对一体主义的批判和对外国立法模式的改造中，难以伸展；而解释论则有意忽略房地权利结构的制度缺陷，或虽然承认存在这些冲突但又强调其正当性，强行解释，但这有"掩耳盗铃"的嫌疑。直到近期，通过对"房地一体"模式适用范围的探讨，房、地一体与分离模式并行的规范可能性才初露端倪，但仍有待深入和完善。

造成这些困境的成因可能是：第一，在规范目的上，成文法既欲保持物权的安全稳定又欲鼓励交易、促进物尽其用，由此形成了"权利分离但归属必须一致"的房地权利结构形态，本身存在内在冲突，在此基础上进行的学术探讨必然走向矛盾和混乱。第二，在实践需要上，伴随改革开放以来经济快速发展，我国的土地利用情况十分复杂，不同地区、不动城市的房、地资源的稀缺程度、对权能的需求差别较大，对土地立法和土地法理论提出了更高要求。学

---

❶ 参见高圣平："土地与建筑物之间的物权利用关系辨析"，载《法学》2012年第9期，第42页。

界不断观察和理解土地用益实践的法律意义与诉求，但尚未形成明确的、共识性的方向。第三，在制度基础上，我国的土地利用行为立法必须在土地公有制的框架下进行，这与土地私有制国家和地区的情况存在较大区别，许多域外较为成熟的模式无法直接借鉴。比如推定租赁权、法定地上权、次级地上权等制度，欲达致相似的规范目的，需要结合我国实际进行大量的理论改造和再解释工作，尤其是要对国有土地的公法属性和私法属性进行融贯解释。而这一问题曾经是制定《物权法》的最大障碍，学者们大约不愿触碰，解读范式尚不明确，理论对话也不充分。第四，在房地结构的固有属性上，地权与房权之间不仅存在依存关系，更存在矛盾冲突，这种冲突又因二者的依附性而缺乏化解途径，导致冲突加剧。其主要表现在权利的存续期间和权能内容上：建设用地使用权的有限性与房屋所有权的无限性之间存在冲突，但这个冲突的本质，其实是土地所有权追求无限性与房屋所有权追求无限性之间的冲突，哪一诉求更为正义，实难评定。更为复杂的是，建设用地使用权看似有限，实则因土地的稀缺性、不可替代性而不断增值，房屋所有权看似无限，实则因折旧而不断贬值，因此在价值维度上，其实是地权无限而房权有限。❶这种权利间的复杂冲突也是房地权利结构制度困境的重要成因。

（二）研究启示：房地权利结构制度的规范目标应契合经济社会发展节奏

我国土地制度是土地资源国情、社会发展国情和治理体系国情综合作用的结果，房地法权结构作为土地制度的基础环节，其发展和修正与社会经济发展节拍和土地资源的稀缺程度息息相关，并不

---

❶ 参见张纯："房与地关系法律问题探析"，载《财经理论与实践》2008年第4期，第126页；曾大鹏："论民法上土地与建筑物的关系——以一元推定主义为中心的理论探索"，载《南京大学法律评论》2008年第Z1期，第96页。

存在一定的定式，应当根据维护房、地权益，协调人地矛盾，合理分配土地利益等国家治理和经济社会发展需要，及时更新房地权利观念，完善房地权利结构制度，健全房地权利规范细节，避免故步自封。

在目前城市建设用地和住房紧缺、要素市场化配置改革持续深入的背景下：一方面，当建设用地使用权面积大于房产本身面积时，强行设定让与和抵押时的"房地一致"可能会导致大面积土地被闲置，又或是很难另寻他人对其投资，与物尽其用目标相悖。另一方面，我国土地资源尤其是中心城市的可利用土地资源已十分紧张，社会生活中客观存在的房地合法分离现象也并非均属非法。相反，许多房地合法分离现象恰恰代表了未来社会经济的发展方向。例如，在国有企业改制、住房制度改革、城中村改造、棚户区改造等政策性较强的房、地要素流转中，土地可能因其划拨性质、集体所有性质等原因而仍由原地权人享有，但房权却因改革政策的推动而被移转至其他民事主体使用，房地权利由此发生合法分离。❶这些现象被长期看作历史遗留问题，❷但从城市更新的角度看，却是以土地利用为中心，整合低效、闲置存量房地要素，促进城市产业转型升级、改善城镇居住条件、承担住房保障功能、激发城市创新活力、传承城市文化脉络的前沿问题，顺应了未来房地要素市场化配置的改革方向。❸

由此看来，如果以物的利用为中心进行立法，欲使房权不成为"空中楼阁"，真正也是唯一需要法定、强制、自动、当然一体的，只有房权及其正当权源。而随着房权类型的划分和相应权源范围的

---

❶ 例如，最高人民法院〔2018〕最高法民再315号民事判决书、河南省高级人民法院〔2020〕豫民申8209号民事判决书等。

❷ 例如，高圣平："土地与建筑物之间的物权利用关系辨析"，载《法学》2012年第9期，第42页脚注52。

❸ 参见缪春胜、覃文超、水浩然："从大拆大建走向有机更新，引导城中村发展模式转型——以〈深圳市城中村（旧村）综合整治总体规划（2019—2025）〉编制为例"，载《规划师》2021年第11期，第55~62页。

扩展，"房地一体"更恰当的表述应为"房源一体"，房与地在权利结构层面并不存在必然的关联关系。立法既不应强制房地权利一体，也无须强制房地权利分离。一体和分离正如双生之子，动态消长，将一体还是分离的选择权赋予私法主体，尊重民事主体的意思自治和市场在资源配置重的决定性作用，对市场化配置结果予以规范和保护，保持法律的开放性与包容性，辅之以公共利益需求下的公权干预机制，可能才是房地权利结构立法的最理想选择。

（三）可待深化研究的问题

未来房地权利结构制度的调整应靶定住有所居、物尽其用目标，回应社会对制度公平与制度效率的诉求。为此，立法应重点完成三个任务：扩大权能供给、匹配用地需求、降低用地成本。这三个任务的关系是：只有匹配用地需求的权能供给才是有效的权能供给，只有增加有效权能供给才能降低用房地成本。为完成这三项任务，可能有以下问题值得研究：

1. 房地权利结构制度规制对象的类型化

目前，学界开始探索通过区分房地权利结构的适用范围来兼顾房地权利结构制度安全价值与效率价值。制度的适用范围应取决于对制度的需求范围，能否有效识别制度的需求范围决定着能否合理划定制度的适用范围。房地权利结构制度的规制对象是房权和地权，房权制度与地权制度的无所不包导致对房地权利结构制度的需求无法被清晰地区分和识别。因此，有必要首先促进房权和地权的类型化，在此基础上，划定不同房地权利结构制度的适用范围。

（1）房权的类型化：区分永续房权和有期房权。

房屋所有权的无限性与建设用地使用权有限性之间的矛盾是房地权利博弈的焦点。长期以来，立法和理论都是对建设用地使用权作时间上的区间划分，当地权到期后，房权基于其无限性对地权提出续期制度要求。但从以下方面看，应将不同功能的房权区分为有期房权和永续房权：

第一，从现行立法上看，《民法典》第 359 条只规定了住宅建设用地使用权自动续期，间接承认了住宅类房权的永续性，但对非住宅所有权并无规定。这体现了立法对不同功能房权可续期性的不同态度，使房权在可续期性上已经被划分为永续和有期两种类型。

第二，从权利客体的属性上看，房地权的客体在客观上的可存续性不同，土地具有无限性，土地使用权的期限由人为划分，而建筑物在物理上有其自身的存续期限，并非永世长存。浩然认为，对于住宅建设用地而言，以强制缔约方式续期，以保障地权与建筑物的存续期限相匹配，而对非住宅建设用地使用权续期则更多地强调意思自治的因素。❶

第三，从制度平衡性上看，在房地权利各自独立的前提下，仅允许房权基于其无限性对地权提出续期制度要求的制度设计本身并不平衡。土地使用权到期后，土地所有权人本可基于吸附原则无偿取得地上房权，但在理论上面临房权独立性的障碍，实践中面临房权永续性的诉求。对此，基于物权法定原则，应当明确房权本身存在永续性和有期性的区分，永续性房权基于所有权的无限性得对地权享有续约请求权。同理，土地所有权的无限性亦得对有期房权享有取回权。

第四，从制度功能上看，权利的存续期限当然应当有所区别。王利明指出，对公民的房屋所有权进行保护是保障其安身立命的基础，涉及基本人权。❷而用于建造非住宅建筑物的建设用地则主要是为了满足商业、工业等需求。因此，将房屋所有权分为永续性权利和有期限权利，对于永续类房权，可适当延长建设用地使用权出

---

❶ 参见浩然："财产权预期视角下的建设用地使用权续期问题探讨"，载《山东社会科学》2016 年第 11 期，第 93~94 页。

❷ 参见王利明：《物权法论》（修订 2 版），中国政法大学出版社 2008 年版，第 270 页。

让年限，并配置地权到期后的自动、强制续约制度，以维持住宅类房权的安全稳定。非住宅类房权原则上应被界定为有期房权，法定或允许约定其存续期限，以平衡地权人和房权人之间的利益。

（2）正当权源的类型化：区分永续权源和有期权源。

与房权类型相对应，房权之正当权源也可以被区分为永续权源和有期权源。对于永续房权，例如，承载居住功能的建筑物区分所有权，应当配给永续权源，以实现权利与功能相契合。永续房权客体存续期间，应贯彻"房地一体"模式。地权到期后，房权主体享有强制缔约请求权，如无法定事由，权源主体不得拒绝。但在永续房权客体灭失后，仍应贯彻房地权利分离结构制度的精神：如果"房地客体一体"，则建筑物灭失意味着房权人同时永久失去房地权，而在房地权利分离模式下，房权主体仍对地权主体享有权源用益请求权，土地所有权人非因法定事由负有容忍义务，待新的建筑物形成后，重新恢复"房地一体"，以实现对住宅房权主体的周到保护，促进房权永续性的实质化。❶

对于有期房权，例如工业用房，应当配给有期权源。该权源的权利性质应允许当事人自主选择。如前文所述，可以 20 年为界：低于 20 年的权源需求，原则上用土地租赁制度解决，高于 20 年的权源需求，原则上用土地出让制度解决，可通过"土地出让+附条件的赎回请求权"和"土地租赁+附条件的出让缔约请求权"条款的方式，将物权模式与债权模式有机结合。有期权源能够降低获取权源的成本，继续为市场提供低价工业用地，维持我国经济的高速发展。

在房权及其权源类型化基础上，立法不宜将房地权利分离模式的适用范围规定得过于细致，宜以房地权利能否被分别识别、独立作价为标准。原则上，对永续房权及其权源仍采"房地一体"权利

---

❶ 德国民法上，地上权与土地所有权混同、建筑物灭失、土地所有权被拍卖均不影响地上权的存续，地上权不受土地法律命运的影响，值得借鉴。参见［德］鲍尔·施蒂尔纳：《德国物权法》（上册），张双根译，法律出版社 2004 年版，第 654 页。

结构，对有期房权及其权源，则凡是能够分别识别、独立作价的，均允许静态权属上主体分离、动态流转上分别处分，由当事人自主选择即可。

A Review on the Structure of Housing and Land Rights Research

Guo Song

Abstract: On the surface, China has formed a general "integrarianism theory" on the structure of property rights between housing and land, but academics have not yet reached a consensus on the connotation of "integration ofhousing and landrights", the idealrelationship between these two rights, and how to construct these structure. Due to factors such as the physical inseparability, the demand for land rights sources of housing rights, the maintenance of the overall economic benefits of real estate, the convenience of transactions, and the conform to social customs, many scholars advocate the view that housing and land are inseparable, but have formed five theories on the theoretical power structure of the two, including the theory of integrated disposition. However, the contradiction between the "integrarianism theory" and the independence of housing rights, the protection of the rights and interests of housing rights holders and the circulation of housing and land elements have made the "integrarianism theory" doctrine questioned since its birth. Aiming at the core issue of providing land rights sources for housing rights, the "separatism theory" puts forward three rights structure reset paths: separation of powers, bundle of rights and recognition of lease rights, but it has not eliminated the controversy of integrators. In the future, we should start from the actual needs of China's economic development to construct the structure of housing and land rights, and distinguish between perpetual housing rights and future – term housing rights, perpetual right sources and option sources, which may be meaningful research directions.

Key words：Summary view, Structure of Housing and Land Rights, Integrarianism of Housing and Land Rights, Separatism of Housing and Land Rights, Legitimate Sources of Housing Right

我国土地储备制度法律问题研究综述

姜　欣*

内容摘要：土地储备制度与自然资源产权改革密切相关。对既往土地储备制度法律问题研究进行梳理，既是对原制度的承继与深化，亦是对改革框架下准确定位土地储备制度研究起点的逻辑依循。遵循法律制度主体、客体、运行过程研究视角，发现既有研究对土地储备制度中法律主体不明晰、法权基础呈土地国家所有权与监管权混合样态、土地收储实践公益目标偏离等问题进行了充分剖析，但仍存在完善建议与实践脱节、研究成果碎片化、研究结果时效性不强等未竟之处。特别是既有研究难与生态文明体制改革衔接，对土地储备制度落实所有者权益、促进土地资产保值增值等法学研究视角缺位。故未来对土地储备制度的研究须对原制度功能进行扩充，通过重新厘定制度的概念和功能定位，明晰土地储备制度主体法律地位，优化所有者职责主体的行权模式，建立并完善配套制度安排。

关键词：土地储备制度　土地国家所有权　土地监管权　收储方式

---

* 作者简介：姜欣，辽宁大学法学院博士研究生，研究方向：资源经济法。

　　土地储备制度是实现建设用地一级市场有效供给、调控土地市场平稳运行，促进土地资源高效利用和合理配置的基础性制度。在过去发展的二十年间，我国土地储备制度发挥了国企改制土地资产盘活、建设用地市场土地要素供给、土地市场宏观调控和土地资源节约集约利用等多重作用。党的十八大以来，国家围绕《生态文明体制改革总体方案》连续出台自然资源产权改革、市场要素化配置等系列政策性文件，特别是在《全民所有自然资源资产所有权委托代理机制试点方案》中对自然资源资产收储明确提出"分类实施储备和管护、临时利用"总要求。土地储备制度新增落实自然资源所有者职责功能，为土地储备制度向大收储模式转变提供了明确的政策支撑。反观学界，对土地储备制度的理论贡献以经济学研究为主，法学研究视角却始终依循我国土地法律制度长期固化的"实践先于规定，规定先于理论"发展模式 ❶，研究限于主体属性与法律关系、法律修订对收储范围的影响、储备土地的权利辨析等，理论研究的深度与广度均不足，难以结合自然资源产权改革，为我国提供有效的制度供给。本文希冀在梳理土地储备制度既有法律问题研究基础之上提炼、完善原始理论，结合改革框架对土地储备制度的新定位，实现对土地储备制度的功能扩充，助益完善制度主体、客体和运行诸部分。

一、土地储备制度的基础概况

　　严格地说，土地储备制度是舶来品。我国土地储备制度的确立历经域外引进、地方实践、全面推广至中央统一规范。其间，学界对土地储备制度的概念界定与功能定位理解呈现了一个从分歧到适度统一的过程。

---

　　❶ 楼建波等主编：《土地储备及土地一级开发法律制度》，中国法制出版社 2009 年版，第 12 页。

（一）土地储备概念的界定

早期，我国未出台统一的土储制度规范时，不同地区的实践各异，学者在此阶段提出了对制度不同的理解。吴次芳认为，土地储备制度分为狭义与广义，其中城市建设用地储备属狭义概念，指城市政府依照法律程序供应和调控城市各类建设用地的需求，确保政府切实垄断土地一级市场的一种管理制度。❶卢新海则直接将其界定为政府对土地的管理性制度。❷两位学者的界定均带有公权力色彩。盛雷鸣从制度运行阶段切分，认为广义的土地储备制度包括收储、开发整理与供应三阶段，而狭义的土地储备仅指开发阶段。❸

2007 年，国土资源部、财政部与中国人民银行联合发布部门规章《土地储备管理办法》（国土资发〔2007〕277 号），将土地储备制度界定为"县级（含）以上国土资源主管部门为调控土地市场、促进土地资源合理利用，依法取得土地，组织前期开发、储存以备供应的行为"，一直延续至今。但学术界普遍认为此种界定较为简单，未充分包含制度实践要素，学界在此基础上提出了不同的完善观点。如杨峰基于对域外制度的借鉴，将土地储备界定为土地储备机构通过收回、收购、置换、征收（用）等各种方法取得大规模的土地并进行储存，待开发整理后再适当的时机以一定的方式释出，以供应和调控城市各类建设用地需求等一系列行为的总称。❹这一界定明显包含了获取土地的过程。李强、崔健则认为土地储备行为

---

❶ 吴次芳、谭永忠："赋予新机制更大活力——对完善土地储备制度的几点看法"，载《理论探讨》2001 年第 8 期，第 21 页。

❷ 卢新海、何兴："论城市土地储备制度的法律基础"，载《中国土地科学》2005年第 6 期，第 16 页。

❸ 盛雷鸣主编：《土地储备法律问题研究》，法律出版社 2007 年版，第 4~5 页。

❹ 杨峰："宏观调控视角下我国土地储备法律制度的完善"，载《社会科学》2008年第 11 期，第 93 页。

应限于取得和储备两个环节，不包括供应。❶与此不同的是，沈福俊认为，土地储备制度不应当包括获取土地的过程，立法本意应当是只有已经获得的土地才能被纳入土地储备范围，但部门规章和各地出台的规定以获取方式界定土地储备范围，造成了土地储备包括获取土地过程的假象。❷

（二）土地储备制度功能检视

根据我国现行法规范，土地储备制度以"增强政府对城乡统一建设用地市场的调控和保障能力，促进土地资源的高效配置和合理利用"为基本功能。在 2015 年国家部署生态文明体制改革后，自然资源部所有者权益司依据政策文件，将落实和维护所有者权益、维护国家土地所有权、落实国土空间规划等目标要素纳入其中。反观实践：一方面，自 1994 年我国实行分税制改革以来，地方受政绩、发展等多重影响逐步催生土地财政并延续至今。另一方面，在 2000 年左右出现经营城市理念，❸政府同时成为城市土地的管理者和经营者，通过土地资产运营实现土地收益的最大化。❹在此背景下，土地储备制度在实践中逐渐出现异化现象，偏离了基本功能目标。

一种观点以政府规制俘获理论为基础，认为土地储备机构背后有政府强势支持，使其他参与经营土地市场主体无法与其竞争，已演化

---

❶ 李强、崔健："土地储备制度新规对我国土地制度的影响"，载《中南民族大学学报（人文社会科学版）》2008 年第 4 期，第 123 页。

❷ 沈福俊："我国土地储备范围的法学透视——以我国土地储备的制度与实践为分析对象"，载《政治与法律》2010 年第 12 期，第 30~31 页。

❸ 经营城市理念指：把市场中的经营意识、经营机制、经营主体、经营方式等多种要素引入城市建设中，全面归集和盘活城市资产，促进城市资产重新配置和优化组合，从而建立多元化的投融资渠道，不断扩充城市建设资金来源。参见刘维新：《中国城镇发展与土地利用》，商务印书馆 2003 年版，第 33~34 页。

❹ 蔡养军："论城市土地储备制度的法理基础"，载《河南省政法管理干部学院学报》2011 年第 Z1 期，第 69~70 页。

为经营土地的实体，极大抑制了土地市场机制正常发挥. 持此观点学者包括郭洁❶、刘守英❷、卢新海❸、张素华❹、胡存智❺、熊晖❻等。

另一种观点认为，土地储备制度任意扩大征收收储土地范围，侵犯了农民和土地使用人利益，尤其是在我国 2019 年《土地管理法》修改前，土地征收未明确公共利益的六类范围，地方政府甚至以收储作为实现公共利益的说辞，结合城市土地属于国有的论断，任意扩大规划范围。持此观点的学者包括沈福俊❼、陈晓芳❽、袁震❾等。

住房保障供给不足是学界诟病土地储备制度公益目标偏离的又一实践问题。储备土地制度实施权和土地供应权均被掌握在市、县级政府，供应多以商品房、工商娱乐等高收益用地为主，地方政府缺乏投资民生类保障性住房用地的福利政策动机，保障房等公益建设用地来源难以长期保障。持此观点学者包括郭洁❿、翟峰⓫等。

---

❶ 郭洁："土地用途管制模式的立法转变"，载《法学研究》2013 年第 2 期，第 65 页。

❷ 刘守英、蒋省三："土地融资与财政和金融风险——来自东部一个发达地区的个案"，载《中国土地科学》2005 年第 5 期，第 5~6 页。

❸ 卢新海、何兴：论城市土地储备制度的法律基础"，载《中国土地科学》2005 年第 6 期，第 20 页。

❹ 张素华："我国城市土地储备制度存在的问题及解决"，载《学术界》2009 年第 6 期，第 250~251 页。

❺ 胡存智："完善土地收购储备制度的建议和思考"，载《中国土地科学》2010 年第 3 期，第 5 页。

❻ 熊晖："异化与回归：我国城市土地储备制度的正当性考辨"，载《现代法学》2006 年第 4 期，第 162~164 页。

❼ 沈福俊："我国土地储备范围的法学透视——以我国土地储备的制度与实践为分析对象"，载《政治与法律》2010 年第 12 期，第 34~36 页。

❽ 陈晓芳："我国土地储备制度正当性考辨——以收储范围为视角"，载《北京大学学报（哲学社会科学版）》2011 年第 5 期，第 121~123 页。

❾ 袁震："缩小征地范围视角下土地储备制度改革研究"，载《法律科学（西北政法大学学报）》2016 年第 6 期，第 98~100 页。

❿ 郭洁、赵宁："论保障房用地法律制度的创新"，载《法学杂志》2014 年第 1 期，第 73~78 页。

⓫ 翟峰："省域范畴内城市公共租赁住房地方性立法研究"，载《决策咨询》2023 年第 1 期。

二、土地储备制度法律主体

实践中，土地储备机构是运行主体，但该主体法律属性、与地方政府间法律关系、制度运行的法权基础等并不清晰，曾是法学界讨论的热点，也始终存在观点分歧。

（一）土地储备机构的法律属性与职能

《土地储备管理办法》（已失效，本文下同）第3条规定："土地储备机构应为市、县人民政府批准成立、具有独立的法人资格、隶属于国土资源管理部门、统一承担本行政辖区内土地储备工作的事业单位。"在实践中，我国部分地市由政府专门设立土地储备委员会作为决策机构，土地储备机构既隶属于自然资源管理部门，又受土地储备委员会的领导❶；部分地市则单一隶属于自然资源管理部门受其领导，从事具体事务。学界普遍认为，在两种模式中，土地储备机构的法人主体资格被不同程度地弱化了。

1. 土地储备委员会与地方政府部门双重管理模式中的主体法律属性

结合地方实践，土地储备委员会一般负责研究制定土地收购、储备、出让政策及规章、协调各部门关系，落实资金、确立储备出让计划、审查计划等。通说认为，此种模式与《土地储备管理办法》中典型的土地储备机构设立不同，存在主体法律属性定性不明的问题。苟正金认为，从组成角度看，土地储备委员会属于政府的

❶ 此种模式最早见于杭州市和北京市，但2007年国家统一规范后，上述两市取消了土地储备委员会，即单独以隶属于自然资源管理部门的土地储备机构实际运行。在"北大法宝"分别以关键词"土地储备委员会"和"土地收购储备管理委员会"进行标题搜索，检索出现行有效的地方规范性文件、地方文件31件，涉及地市14个，包括：大连、盘锦、本溪、安顺、沧州、赤峰、广西壮族自治区、红河州、三江侗族自治县、石家庄、围场满族蒙古族自治县、文山州、梧州市、忻州市、兴安县、宜昌市、岳阳市、周口市等。

163

非正式机构，不具有独立承担法律责任的能力，最终法律后果仍由政府承担，土地储备机构在其中受政府委托（非法律授权）、接受委员会的领导和监督。在此架构下，土地储备机构表面上是事业单位法人，但因委托代理法律关系原理，受托人须以委托人名义从事受托行为，法律后果由委托人承担，从结果来看，土地储备机构的独立法人资格毫无法律意义。❶与此观点相似的学者还有杨峰。他认为，土地储备管理委员会不是政府正式机构、不具有独立承担法律责任的能力，法律后果由政府承担，极为不利；土地储备机构作为执行者，应改行政委托为法律授权，被授权机构以自己名义独立行使职权，独立承担法律责任。❷崔立群、刘红将土地储备委员会界定为拥有内部行政权能的常设组织，权能行使限于行政系统内部，其他主体对行政决定不服不能提起行政诉讼，行为不能作用于系统之外，而实践中土地储备机构的性质仅属于委托行政机关的代表，以委托人名义对外行使行政权力。❸

2. 土地储备机构隶属地方政府自然资源部门单一管理模式中主体法律属性

此模式属《土地储备管理办法》的法定管理模式，虽相较上述双管理模式中主体法律关系简单，但仍存在土地储备机构主体资格定性不明的问题。崔建远通过细分制度运行阶段，分情况对土地储备机构进行了讨论。在出让阶段，土地储备机构并非建设用地使用权的出让方，类似于仓储者；在土地征收收储环节，土地储备机构并非行政机关，而是事业单位，不应将土地储备机构作为土地征收

---

❶ 苟正金："我国土地储备制度的法律障碍分析"，载《西南民族大学学报（人文社科版）》2006 年第 9 期，第 91~93 页。

❷ 杨峰："政府角色定位视野下我国土地储备制度的模式选择"，载《社会科学家》2013 年第 12 期，第 72~73 页。

❸ 崔立群、刘红："论土地储备机构的法律地位"，载《前沿》2007 年第 4 期，第 109~110 页。

主体。❶李强、崔健认为，土地储备机构没有独立的财产，所谓的"独立法人资格"名不符实。收储土地涉及公权力强制剥夺土地所有权人或使用权人的私权利，应以明确的法律授权为依据，但行政委托或授权方式不符合立法法关于征收非国有财产事项须依法律规定，所以不足以保证土地储备机构权力来源的正当性。❷刘璐认为，在现行制度下，土地储备机构似乎是国土资源管理部门（自然资源部门）剥离其部分私权主体职能的工具，由于法律规定土地出让主体身份限制，土地储备机构无法完全代替行使国土资源管理部门的私法权利。❸

（二）土地储备制度法权基础的主要争议

学界对土地储备机构的法律属性实未形成一致意见，此种矛盾也折射到了制度的法权基础是什么的问题上，引发了学界讨论。

第一，土地国家所有权。该观点认为土地使用权的发生是以土地所有权行使为前提的，存续也受到所有权的制约，国家土地所有权也是土地储备机构进行土地收购储备的权利依据。❹

第二，土地监管权。早期多数学者持此观点，认为土地储备制度须通过国家行使行政权力来实现。如王平认为，无论是增量土地还是存量土地，土地储备都要通过国家行使权力实现。他建议将土地储备机构设置为行政主体资格的组织。❺沈福俊认为，土地储备

---

❶ 崔建远："土地储备制度及其实践之评析"，载《国家行政学院学报》2011年第1期，第39~40页。

❷ 李强、崔健："土地储备制度新规对我国土地制度的影响"，载《中南民族大学学报（人文社会科学版）》2008年第4期，第123页。

❸ 刘璐："土地储备融资担保制度质疑"，载《社会科学》2012年第7期，第94页。

❹ 参见卢新海、何兴："论城市土地储备制度的法律基础"，载《中国土地科学》2005年第6期，第18页；田峰：《我国土地收购储备中的物权问题研究》，吉林大学出版社2011年版，第25~27页。

❺ 王平："规范我国土地储备的立法研究"，载《商业研究》2006年第12期，第79页。

制度是政府对土地这一公共资源进行控制和管理的制度，从行政法角度规范应具有公益性特征。❶

第三，土地国家所有权与监管权。基于研究角度的不同，在土地储备制度发展后期，学界对土地储备制度中涉及的法律行为进行了拆分。如盛雷鸣认为，国家作为国有土地所有权人对国有土地使用享有最终支配权。表现在：对使用权届满不能续展的国有土地使用权人，国家可以行使国有土地收回权，政府授权土地储备机构实施收回权并管理土地资源时，土地储备机构是基于民法上的所有物返还请求权收回土地。当出现违反国有土地闲置、用途管制制度使用土地的行为时，政府强制介入。❷楼建波认为，在土地储备市场中，政府同时兼公共利益代表者、市场干预者和土地储备市场参与者等多重身份。❸蔡养军与前述学者意见相似，认为土地储备是多种法律规范的有机组合，将相关规范整合为一个完整的制度 ❹

（三）地方政府与土地储备机构间法律关系观点纷争

学界采行政委托或授权关系为主流，但初期学者对委托和授权未加以区分。依据行政法原理，行政委托与行政授权在主体、法定依据与责任承担方面并非完全相同，尤其是在责任承担上，行政委托中被委托方以委托方名义行使权力、由委托方承担责任，行政授权中被授权人以自己的名义行使行政职权、承担责任，❺伴随制度发展，学界也逐渐将其适度细化，少部分学者直接从制度整体研究

---

❶ 沈福俊："我国土地储备范围的法学透视——以我国土地储备的制度与实践为分析对象"，载《政治与法律》2010 年第 12 期，第 35 页。

❷ 盛雷鸣主编：《土地储备法律问题研究》，法律出版社 2007 年版，第 24~28 页。

❸ 楼建波等主编：《土地储备及土地一级开发法律制度》，中国法制出版社 2009 年版，第 34~36 页。

❹ 蔡养军："论城市土地储备制度的法理基础"，载《河南省政法管理干部学院学报》2011 年第 Z1 期，第 68 页。

❺ 参见罗豪才、湛中乐主编：《行政法学》，北京大学出版社 2006 年版，第 72~73 页。

视角将土地储备机构概括为辅助事务人。

第一，行政授权说。如何乃刚从应然角度认为机构根据政府授权收储土地并进行前期整理开发，后将土地交由国土资源管理部门出让或划拨。❶王小映认为，因土地储备工作涉及复杂的社会经济和法律关系，实践中政府往往授权非营利性土地收购储备机构进行专门管理。❷

第二，行政委托说。该说从委托代理角度分析，认为现行土地储备机构与政府土地行政管理部门间是典型的委托代理关系，依据行政法规，后果由委托方土地行政管理部门承担。❸

第三，行政授权与独立法人混合说。该说认为，土地储备中心担当双重角色：一是经政府授权行使部分政府行为的角色，如代表政府制定收购储备计划、收购企业改制和旧城改造的存量土地等；二是根据市场经济规律行使企业行为角色，筹集、运作和管理土地收购、储备和预出让资金等。❹

第四，辅助事务人说。崔建远、陈进通过分析委托人、代理人、使者、代表人等民法与行政法上不同法律关系基本要素，认为无论是民事委托、行政委托还是本人–使者结构、本人–代理人结

---

❶ 上海社会科学房地产业研究中心、上海市房产经济学会编：《土地储备立法研究》，上海社会科学院出版社 2010 年版，第 16 页。实然方面，何乃刚从资金来源与部门规章确认的独立法人资格角度，认为土地储备机构与政府部门在行政授权法律关系外还具有对外的独立法人主体地位。因当时处于储备土地可对外抵押融资阶段，故其资金不只源于财政，独立法人结论部分有时间局限性。鉴于 2017 年开始，国家抵御金融风险禁止了储备土地抵押融资行为，资金保障全部源于地方财政（财政或政府发行土储基金），故何乃刚的行政授权说仍有可借鉴的内容，行文放入此处。

❷ 王小映："我国城镇土地收购储备的内涵、性质和特征分析"，载《城市发展研究》2004 年第 3 期，第 31 页。

❸ 参见刘波："城市土地储备制度分析——基于产权结构的视角"，载《经济体制改革》2007 年第 4 期，第 44 页；崔立群、刘红："论土地储备机构的法律地位"，载《前沿》2007 年第 4 期，第 111 页。

❹ 参见徐建春："土地储备制度创新及拓展完善"，载《中国土地科学》2002 年第 1 期，第 9 页；杨继瑞、朱仁友："建立城市土地储备制度的探讨"，载《管理世界》2002 年第 3 期，第 38~39 页；张素华："我国城市土地储备制度存在的问题及解决"，载《学术界》2009 年第 6 期，第 251 页。

构，都不能把土地储备机构在土地储备过程中扮演的角色囊括进去，认为将土地储备机构定义为国土资源（自然资源管理）部门的事务辅助人更加贴切，土地储备机构在整个土地储备过程中不具有独立的地位。❶

三、土地储备制度法律客体——基于收储方式的视角

客体即主体认识与活动所作用的对象，与所有土地法律制度一样，土地储备制度指向的法律客体自然是土地，但转化为法律权属表达，储备土地有其特殊性，一般指能够恢复至国家土地所有权权利形态的土地，目前在地类上则限于建设用地。依据权属变更，储备土地源于集体所有权变更为国家所有权的增量土地，对应方式为征收；依据所有权回弹方式，储备土地源于公法管理的使用权消灭与私法自治的使用权消灭，分别对应闲置土地收回、公共利益收回、优先购买权行使收回与使用权期限届满收回、低效用地收购等，故本部分笔者以收储方式为视角展开。

（一）对增量土地征收与对存量土地公共利益收回

在增量土地收储与存量土地收储上，我国呈现出存量为主到增量为主再逐渐回归到存量为主的过程。实践中，以土地储备制度为核心的公共利益征收问题多呈现在公共利益的界定标准和补偿责任承担主体两方面，对此学界给予了关注。

1. 土地征收收储中公共利益界定的泛化与回归

依据《宪法》第 10 条，国家为了公共利益的需要，可以依照法律规定对土地实行征收或者征用并给予补偿。依前文所述，2019年《土地管理法》修订前，因缺乏公共利益的明确界定，实践中出

---

❶ 崔建远、陈进：《土地储备制度的现状与完善》，中国人民大学出版社 2014 年版，第 80~87 页。

现了以土地收储作为公共利益情形进行征收的案例。随着 2011 年《国有土地上房屋征收与补偿条例》出台和 2019 年《土地管理法》修订后，公共利益界定逐渐在立法中明晰。公共利益的立法限定直接压缩了地方政府征收收储土地的数量。如袁震认为，缩小征地范围后，为商业经营性目的的实现所进行的土地征收将被全面压缩甚至排除，未来土地储备的重点将回归到城市存量建设用地上，进行盘活与再开发。❶相比之下，陈小君则认为虽然《土地管理法》修改后明确了公共利益，但符合规划计划的非公共利益的成片开发建设并非没有出路，应通过设立与公益性质之征收平行的市场化土地储备法律制度加以解决。❷王红建则建议建立集体土地所有权协议购买制度，而政府协议购买集体土地所有权可以作为独立的法律行为存在，完成土地所有权的变更。❸

2. 土地储备制度中征收补偿责任主体不明晰

在征收收储阶段，对外补偿的责任主体应为地方政府，这是我国征收制度设计的应然逻辑，但在实践中，土地储备机构往往会成为冲在一线的拆迁人或征收人。如学者王红建表示目前城市拆迁存在两种典型方式：一是规模性的拆迁，由政府成立土地储备中心作为拆迁人；二是具体建设项目单位直接作为拆迁人，淡化了土地征收的本质，模糊了征地申请人和补偿义务人的关系。❹袁震认为，在机构设置上，土地征收及拆迁实施机构与土地储备机构高度重叠或结合，实践中上海、杭州等地土地储备机构就是储备土地征收与

---

❶ 袁震："缩小征地范围视角下土地储备制度改革研究"，载《法律科学（西北政法大学学报）》2016 年第 6 期，第 102 页。

❷ 陈小君："《土地管理法》修法与新一轮土地改革"，载《中国法律评论》2019 年第 5 期，第 59 页。

❸ 王红建："论集体土地协议征收的法律规制"，载《中外法学》2021 年第 5 期，第 1310~1311 页。

❹ 王红建："土地征收过程中政府角色的定位"，载《贵州社会科学》2009 年第 7 期，第 87 页。

拆迁实施主体。❶在此种模式下存在司法实务中的责任承担主体法律纠纷，依据笔者在北大法宝检索土地收储与补偿相关司法判例，近 5 年典型的民事司法判例有 36 件、行政司法判例有 49 件，各地方法院在征收补偿责任主体认定上存在土地储备机构主体适格与不适格的差异。❷

(二) 对存量土地收储

1. 土地收回

建设用地使用权收回，是指国家基于法律规定，有偿地或无偿地收回原土地使用权人因划拨或出让取得的国有土地使用权的行为。依据《土地储备管理办法》的规定和实践操作，土地收回主要包括四种情形：一是因公共利益需要或实施城市规划进行旧城区改建需要调整使用土地；二是因土地使用人的原因造成满 2 年未动工开发（即闲置土地）或不按批准用途使用土地（即违反土地用途管制）；三是因单位搬迁、解散、破产或其他原因停止使用划拨的国有土地；四是有偿出让的土地使用权因使用期限届满未续期。其中，第一种属公共利益收回的情形，需以补偿为前提，相关学理与实践分歧已在上文进行了梳理，本部分不再赘述。目前学界对后三种情形政府收回土地行为法律属性存在分歧。刘红认为，政府收回闲置土地与不按批准用途使用的土地属行政行为，最后两种行为属

---

❶ 袁震："缩小征地范围视角下土地储备制度改革研究"，载《法律科学（西北政法大学学报）》2016 年第 6 期，第 98 页。

❷ 如在 "朱某萍诉上海市浦东新区土地储备中心（上海市浦东新区土地整理中心）财产损害赔偿纠纷案"（［2017］沪 01 民终 12043 号）中，上海市浦东新区法院判决 "土地储备中心为对外的拆迁补偿主体"；而 "于某亮、沧州渤海新区土地储备交易中心房屋拆迁安置补偿合同纠纷二审民事判决书"（［2021］冀 09 民终 4652 号）判决中，河北省高法则认为 "土地储备中心是国土资源局内设机构，只承担土地储备工作；没有房屋拆迁许可证，不是作出征用土地房屋补偿方案决定的适格主体，不具有签订征用土地房屋拆迁补偿协议的主体资格"。

民事行为。❶葛云松认为，公法人的权利能力同时包括公法上的权利能力与民事权利能力，两者无法完全分开，❷依此结论，土地收回行为无法被完全区分为行使行政权力与民事权利，都属公法人行使权利的范畴。崔建远、陈进则主要从民法角度认定，属国家作为土地所有人收回土地使用权的行为，不过其权力来源还是国家公权力。❸事实上，我国政府集土地所有权与行政监管权于一身是历久弥新的问题，派生出大量关于国家所有权属性的讨论。若落在收回土地的收储角度，合同期满收回、暂停使用划拨土地收回行为属性虽有一些争论，但因收回标准相对明确，只需由土地储备机构变更登记后纳入储备库即可，问题较少，真正问题较多的是"闲置土地收储"问题。

多数学者对闲置土地收回行为采行政行为说，对其本质属政府公权力介入私人土地利用行为已成共识，但学者对介入方式和限制程度存在分歧。如孙学亮、王熙芳提出无偿收回闲置土地有悖法理的观点，闲置土地权利人的权利属物权法上之用益物权，所有权人一般不得干涉用益物权人行使权利。❹还有部分学者认为国家土地闲置问题严重，应对符合法律标准的闲置土地坚决收回，如宋才发认为我国闲置土地处置陷入困境的主要原因是立法缺失，应严格按照现行法满两年无偿收回的规定，纳入政府土地储备库。❺同时，为防止收回的闲置土地进入政府储备后再闲置，要从供应端就开始严把招商引资企业用地门槛、严格管地批地，在无偿收回之余增设

---

❶ 刘红："土地储备制度下土地集中行为法律问题研究"，北京大学 2009 年硕士学位论文，第 18~19 页。

❷ 葛云松："法人与行政主体理论的再探讨——以公法人概念为重点"，载《中国法学》2007 年第 3 期，第 92 页。

❸ 崔建远、陈进：《土地储备制度的现状与完善》，中国人民大学出版社 2014 年版，第 3 页。

❹ 孙学亮、王熙芳："法学视角下闲置土地的政府干预和市场化策略"，载《北京工业大学学报（社会科学版）》2008 年第 3 期，第 58~60 页。

❺ 宋才发："关于闲置土地处置的法律探讨"，载《河北法学》2011 年第 4 期，第 42 页。

有偿收回，❶实质上是形成闲置土地收储—供应—再收储的良性循环。

2. 土地收购

土地收购是指土地储备中心在土地二、三级市场上，根据土地储备和供应计划购买土地使用权，增加土地储备的活动。土地储备中收购行为的法律属性是学界普遍讨论的问题，可被概括为三种，即民事行为说、行政行为说和经济法律行为说。一是民事行为说，此观点认为土地储备机制中的土地收购属民事法律关系，政府是以平等民事主体身份出现，对收购时间、价格以平等方式协商并签订有偿收购协议。❷二是行政行为说，此观点将被收购土地当事人界定为行政相对人，认为土地收购与储备行为于双方当事人而言是一种权力和义务关系，收购价格不必遵循等价有偿原则，土地收购属于国家对土地的强制买卖关系，表现在收购与否由政府决定，收购价格由地价评估机构按照市场价格进行评估，由土地行政部门确认，而非原土地使用者自由要价。❸三是经济行为说，此学说从土地收购本质分析，认为对土地的收购、储备体现了国家对土地市场的宏观调控，是国家借以干预社会经济的一种重要形式，且收购行为本身是政府的经济职权，任何单位与个人都不得拒绝收购，政府的经济职责也要求对符合收购条件的土地必须进行收购，是职权与职责的有机统一。❹特别是，王全兴、管斌将市场化政府经济行为界定为政府经济行为市场化的产物，土地储备为典型，指在政府与

---

❶ 宋才发："关于闲置土地依法处置的再探讨"，载《河北法学》2018 年第 6 期，第 22~26 页。

❷ 参见荆月新、宋家敬主编：《土地储备经营的法律程序与监管》，中国方正出版社 2006 年版，第 10 页；田峰：《我国土地收购储备中的物权问题研究》，吉林大学出版社 2011 年版，第 83 页。

❸ 盛雷鸣主编：《土地储备法律问题研究》，法律出版社 2007 年版，第 57~58 页。

❹ 参见刘光远、王志彬主编：《新编土地法教程》，北京大学出版社 1999 年版，第 312 页；王全兴、管斌："市场化政府经济行为的法律规制"，载《中国法学》2004 年第 1 期，第 108 页。

市场的互动中，为弥补政府缺陷将市场机制引入政府干预的过程。❶

3. 土地优先购买权

我国政府土地优先购买权设立较晚，始于 1990 年的《城镇国有土地使用权出让和转让暂行条例》第 26 条的规定，后国务院《关于深化改革严格土地管理的决定》（国发［2004］28 号）及 2007 年版和 2008 年版的《土地储备管理办法》陆续对政府优先购买权作出了原则性规定。我国通过土地优先购买权收储的实践案例匮乏，行权存在一定困难，主要原因在于土地优先购买权以价格作为行权标准。如 2020 年修订的《城镇国有土地使用权出让和转让暂行条例》第 26 条第 1 款规定的"土地使用权转让价格明显低于市场价格的，市、县人民政府有优先购买权"，难以界定，虽然国务院发布的《关于加强国有土地资产管理的通知》将"明显低于市场价转让"界定为"比标定地价低 20% 以上"，但实践难以操作。如杨遴杰、周文兴认为，现行法除低价标准外没有其他行使土地优先购买权途径，相对于获得储备土地的强制性低成本手段，优先购买权在效率和成本上不占优势。❷对此，学界提出优化土地优先购买权的行权依据，引入域外规划标准。如黄睿建议分别审查土地使用权单独转让价格、土地使用权与地上建筑物和附着物易通转让价格，在规划设计上应分别对城市规划区、生态环境脆弱区域、风景名胜区域、社会公益性住宅等不同区域构建政府土地优先购买权制度。❸杨峰建议国家根据计划设定一定的规划区，国家和地方政府对该区进行基础设施建设，同时通过立法规定在一定情况下政

---

❶ 王全兴、管斌："市场化政府经济行为的法律规制"，载《中国法学》2004 年第 1 期，第 104~108 页。

❷ 杨遴杰、周文兴："中国政府土地优先购买权功能分析"，载《中国土地科学》2011 年第 2 期，第 32 页。

❸ 黄睿："我国政府土地优先购买权制度研究"，西南政法大学 2011 年硕士学位论文，第 22~26 页。

府对该规划区土地使用权和房屋所有权具有优先购买权利。❶王全兴、王甜甜则分城市规划发展区内外情形分别讨论，对于城市发展规划区内建议扩充政府优先购买权适用情形，不设置固定价格标准；对于规划区外，仍有必要保留低价转让优先购买制度。❷

（三）对集体经营性建设用地收储的学术观点梳理

2019 年《土地管理法》修正，允许农村集体经营性建设用地出让、租赁、入股，实行与国有土地同等入市、同权同价。在此背景下，一直被奉为实现城市土地独家供地❸、完善政府垄断土地一级市场的土地储备制度受到了较大影响。此前集体经营性用地入市试点时期，曾有部分学者对集体建设用地是否纳入储备库、以何种方式入库做过一定研究，分为委托、优先购买权、指标、集体所有权协议购买等不同收储方式。

第一，委托收储。集体以自愿方式委托土地储备机构对集体经营性建设用地开发整理后投入市场，主要针对集体土地直接用于公路建设等公益性公共设施建设或进行农民自住型住房开发时，由土地储备机构协助集体开发整理土地。❹

第二，优先购买权收储。依据《农村集体经营性建设用地土地增值收益调节金征收使用管理暂行办法》（财税〔2016〕41 号）第10 条"农村集体经营性建设用地入市、再转让价格低于基准地价80% 的，试点县人民政府有优先购买权"的规定，多数学者较为认同此种优先购买权的收储方式，但对适用主体和方式上进行了一定

---

❶ 杨峰："政府角色定位视野下我国土地储备制度的模式选择"，载《社会科学家》2013 年第 12 期，第 73 页。

❷ 王全兴、王甜甜："我国政府优先购买权的功能审视与制度重构"，载《现代法学》2017 年第 2 期，第 102~103 页。

❸ 盛雷鸣主编：《土地储备法律问题研究》，法律出版社 2007 年版，第 3 页。

❹ 参见袁震："缩小征地范围视角下土地储备制度改革研究"，载《法律科学（西北政法大学学报）》2016 年第 6 期，第 100 页；马勇："集体经营性建设用地入市背景下土地储备范围的收缩"，载《中国不动产法研究》2017 年第 2 期，第 72~73 页。

的改造。如郭洁建议在具体落实上应确立独立的集体建设用地使用权基准地价制度，在主体选择上应立法将优先购买权层级范围限于省一级。❶王全兴、王甜甜认为，仅以低价作为优先购买权的行权依据，制约了制度的施展空间，建议借鉴域外优先购买权的规划管制制度，在不改变集体土地所有权条件下，立法授权地方政府、提供公共服务的企业团体等根据规划实施之需，对农村土地布局和功能进行调整的规划区域优先购买集体建设用地使用权。❷

第三，指标收储。夏方舟、严金明认为，农村建设用地市场向城乡一体化建设用地市场转变需要一定的培育期，前期开放范围有限则对土地储备制度影响较弱，建议转变旧有实物收储的方式，将农村建设用地重划、增减挂钩腾退的建设用地指标作为收储对象，实现国有土地实物收储、农村土地整理指标收储的双轨制运作。❸

第四，集体所有权协议购买收储。在征收方式之外设立集体土地所有权协议购买制度，协议购买获得的是集体土地所有权，即在土地征收获得所有权外再增设以集体自愿为前提的协议购买取得集体土地所有权的方式，由土地储备机构代表国家收购。❹

四、土地储备制度运行过程

通过对制度动态运行解构，土地储备制度较为核心的三个运行

---

❶　郭洁：《集体建设用地使用权流转市场法律规制的实证研究》，法律出版社 2013 年版，第 19~21、257~258 页。

❷　王全兴、王甜甜："集体建设用地'入市'中的政府优先购买权"，载《法学》2019 年第 6 期，第 41~47 页。

❸　夏方舟、严金明："土地储备、入市影响与集体建设用地未来路径"，载《改革》2015 年第 3 期。

❹　参见袁震："缩小征地范围视角下土地储备制度改革研究"，载《法律科学（西北政法大学学报）》2016 年第 6 期，第 103 页；王红建："论集体土地协议征收的法律规制"，载《中外法学》2021 年第 5 期，第 1309~1311 页。

阶段包括土地储备计划制定、土地储备前期开发整理和储备土地向市场供应。

(一) 土地储备计划的法律定位与属性

目前，我国各地区在编制土地储备计划方面问题频发，从法律角度分析，原因一是《土地储备管理办法》对土地储备计划编制规范得过于原则，操作性不强；二是计划审批时限、变更事由、编制程序等规范内容缺失。沿此问题，须以土地储备计划法律属性和基本定位为依据进行设计优化。

1. 概念界定与法律定位

在现行法规范下，土地储备计划包括土地储备三年滚动计划与年度土地储备计划。依据《土地储备管理办法》，土地储备 3 年滚动计划包括未来 3 年土地储备规模，是 3 年内可收储的土地资源在总量、结构、布局、时序等方面做出的统筹安排，其上位规划法依据包括 "国民经济和社会发展规划" "国土空间规划" 等。年度土地储备计划内容包括上年度末储备土地结转情况、年度新增储备土地计划等，最终对年度土地储备资金需求总量作出预算安排。土地储备年度计划也须以国家其他规划法律法规为上位法依据，最直接依据是土地储备 3 年滚动计划。由此厘定，土地储备计划是我国整体规划法类别下的一项分支，按照《土地管理法》《城乡规划法》规定的规划类型划分，土地储备计划的基本法律定位是土地类专项规划。我国学者普遍认为行政规划也称行政计划，是指行政主体在实施公共事业及其他活动之前，首先综合地提示有关行政目标，事前制定出规划蓝图，进一步制定为实现该综合目标所必需的各项政策性大纲的活动。❶笔者采此观点，将土地储备计划界定为行政计划。

---

❶ 姜明安主编：《行政法与行政诉讼法》，北京大学出版社、高等教育出版社 2007 年版，第 295 页。

2. 土地储备计划法律属性

计划调控的实质是政府干预，在市场经济国家，计划调控是政府为应对市场失灵而采取的干预手段。虽然学界直接以土地储备计划为研究对象的成果匮乏，但依据其基本法律定位，可参照学界对计划权属性学说加以分析，经梳理包括行政处理说、内部行为和抽象行为说、从属行为说、行政手段说、区别对待说、执行规范说等。以部分学说为例，如行政处理说认为，行政计划以一般人为对象，关系到超个人的一般公共秩序，类似于立法行为，但由其产生的权利限制等效果却不是抽象的，比法规的效果来得更为具体强烈，因此从这一意义上讲，又更类似于行政行为。[1]内部行为和抽象行为说认为行政计划具有内部行为和抽象行为的性质。[2]行政手段说认为，行政计划是作为与行政契约与行政指导相并列的一种非权力行政手段。[3]综观学界观点，学者对计划法律属性从行政法内部与外部均做了大量研究，对确立土地储备计划法律属性具有一定借鉴意义。但是，土地储备计划与一般计划相比具有特殊性，主要体现在计划效力的作用对象上。土地储备计划效力的直接作用对象是土地储备实务工作的相关人员，是指导土地储备人员工作的蓝图，直接约束土地储备工作实践，具有行政内部行为性质。但是，因计划的作用对象包括土地这一客体要素，故间接对土地一二级市场的不特定使用权人发生效力，又具有行政手段说、行政处理说属性，需要进一步细化对土地储备计划的属性界定。针对目前所有者与监管者不分、土地储备计划缺少法律控制等缺陷，笔者建议，未来应在改革完成全民所有自然资源资产所有权人与监管权人适度分离后，分别划定职责范围，对土地储备计划与规划编制着力从法学

---

[1] 参见姜明安主编：《行政法与行政诉讼法》，北京大学出版社、高等教育出版社2007年版，第297页；陈越峰："城市规划权的法律控制——基于使实然视角的考察"，上海交通大学2010年博士学位论文。

[2] 参见章剑生：《行政程序法比较研究》，杭州大学出版社1997年版，第73页。

[3] 崔卓兰主编：《行政法学》，吉林大学出版社1998年版，第337页。

视角实现计划权与规划权的法律控制，规范编制主体、对象、程序等法律要件。

（二）储备土地开发整理主体与实践模式

土地开发整理最早源于德、法、俄等国家，我国引入土地开发整理经历了企业全程开发❶、伴随土地储备制度发展分化出土地一级开发❷的过程，学界主要围绕开发主体和实践模式展开讨论。

1. 土地储备机构作为储备土地开发整理主体的适格性讨论

依据现行《土地储备管理办法》，土地储备机构应组织开展对储备土地必要的前期开发，为政府供应土地提供必要保障，即土地储备前期开发的主体应当是土地储备机构。但矛盾的是，依据 2010 年《中共国土资源部党组关于国土资源系统开展"两整治一改革"专项行动的通知》（国土资党发〔2010〕45 号），国家要求土地储备机构不得直接从事土地一级市场开发，必须通过公开招标工程单位实际施工，实践中从中央到地方对土地储备机构在储备土地开发整理阶段的主体地位规范较为模糊。学术界以土地储备机构主体资格适格的肯定说、否定说、区分说三种观点为代表。

第一，肯定说。该学说认为土地整理的实质是国家行使国家土

---

❶ 企业全程开发指土地一级开发和房产二级开发由同一开发企业或单位自主完成的混合联动式开发。在该阶段，政府以毛地或生地形式出让，没有分离出土地一级开发和土地二级开发。此种模式的特点是：政府收益降低也无需投入、城市整体规划难以实施、开发时间无序等。

❷ 1996 年开始，土地储备制度在我国初见端倪，土地储备总体分为收购、储备、供应三个环节。其中，储备环节包括两个阶段——开发和储备。在最初几年，土地储备开发工作较为混乱，土地的一级开发和房地产开发均由获得土地使用权的房地产开发商来完成。1999 年 6 月后，土地储备制度开始在全国推广，各地纷纷出台有关土地储备和土地一级开发的法规政策。如 2000 年 12 月北京市人大常委会通过的《中关村科技园区条例》第48 条规定，中关村科技园区的土地一级开发，应当服从中关村科技园区建设的统一规划，"土地一级开发"一词在我国正式出现。

地所有权的行为，土地储备机构是作为国家授权的代表机构，代国家行使国家土地所有权，即土地储备机构是实施储备土地开发整理的主体，具有独立的主体资格、独立承担责任能力。❶

第二，否定说。该学说以国土资党发［2010］45 号文件为依据，认为文件旨在强调土地储备工程须以招标方式选择工程单位，实质是对实践中土地储备机构直接参与储备土地前期开发的纠正，土地储备机构的职能仅为招标主体。❷

第三，区分说。该学说认为实践中的市场模式和政府主导模式土地一级开发主体不同，政府主导模式由土地储备机构作为开发主体、具有独立法人资格，虽土地储备机构对外招标施工单位实际进行，但由土地储备机构统一管理，其意志主导整个开发进程。市场模式中，社会上土地一级开发企业实际享有主体地位，政府只负责规划制定和制度建设等公共管理职责，企业享有较大自主权，成为土地一级开发主体。❸

2. 现行储备土地开发整理模式分析

结合实践与学界观点，我国储备土地开发模式包括四种，即政府主导模式、完全市场模式、政府主导的市场化运作模式与政府和企业合作开发模式。

第一，政府主导模式。通过成立隶属于土地主管部门的事业单位，由政府控制土地供应计划，由事业单位负责一级开发手续办理与资金筹措，实施土地一级开发。政府主导模式的优点是可保证统一供地、抑制地价、土地增值不流失且经济关系简单，缺点是资金需求量大、不利于应用社会资金和力量。

---

❶ 田峰：《我国土地收购储备中的物权问题研究》，吉林大学出版社 2011 年版，第 158 页。

❷ 崔建远、陈进：《土地储备制度的现状与完善》，中国人民大学出版社 2014 年版，第 165~170 页。

❸ 俞晓群等：《我国城市土地储备模式研究》，经济科学出版社 2015 年版，第 434~435 页。

第二，完全市场模式。政府把纳入土地储备计划范围内的生地出让给土地开发企业，土地开发企业按照约定进行征地、统一拆迁、安置补偿和市政基础设施建设，待达到"三通一平""七通一平"等，再由企业向土地市场转让土地使用权。此模式转让权属发生两次，第一次为政府把待开发土地使用权转让给土地开发企业，第二次为土地开发企业把熟地使用权转让给其他开发商。

第三，政府主导市场化运作模式。政府为储备土地前期开发主体，通过招标方式选择开发企业实际开发，由开发企业负责筹措资金、办理规划、项目核准、征地拆迁和市政建设等手续并组织实施（即市场化运作）。招标确定开发企业后，由土地储备机构与招标企业签订土地一级开发委托协议，目前此模式为主流。该模式的优势在于，以维护土地所有权为前提通过市场竞争确定开发企业降低了开发成本，通过委托协议保障土地所有权人权益和社会公共利益。

第四，政府和企业合作开发模式。政府与企业通过签订合同，由企业出资与政府共同参与储备土地的前期开发，此模式不同于第三种模式，表现在利益分配上第三种模式要求企业利润不高于预计成本的一定比例（如《北京市土地储备和一级开发暂行办法》规定不得超过8%），合作开发分配问题则无法律依据不易规定；在风险承担上，第三种模式中政府与开发企业间是委托关系，按照委托合同关系处理，但合作开发中企业参与了储备土地前期开发投资，与政府共享收益、共担风险。此模式的优点在于，前期利于解决开发资金短缺问题、提高开发效率，缺点在于此模式易产生权力寻租、安置补偿困境、合作企业曲线拿地等。

（三）储备土地供应优化

土地供应是土地储备制度的最后一个环节，在此阶段，土地储备的开发成本得以变现。但是，土地供应涉及面广、规范难度较大，存在的问题也较多。如王文革指出我国城市土地供给总量存在失控问题，城市土地利用粗放、供给土地结构不合理。❶崔建远、陈进则从供应主体角度分析，认为土地储备制度参与者较多，除土地储备机构外，实践中还存在开发区管委会供应土地的情况，对此缺乏有力监管，不利于市场调控。❷面对上述问题，学术界主要从供应主体、方式、供应前置条件等角度提出了完善储备土地供应的法律建议。

1. 重塑土地市场供应主体

王文革、朱少平从主体设立原则与具体选择两方面提出了完善城市土地市场供应主体的具体建议。在主体设立原则方面，建议设置独立的土地市场主体，从根本上分开政府城市土地资产所有者职能和社会经济管理职能。城市土地资产经营公司应独立于政府，而非现行土地储备机构隶属自然资源部门的模式，在遵守土地法规前提下根据产业政策、城市规划等实行收购、储备、土地出让、租赁、入股等土地资产一体化运作。❸另外，随着我国对全民所有自然资源资产改革的推进，学界对包括土地资源资产在内的自然资源资产所有者与监管者分离也提出了法律主体的设计。如杜群、康京涛、黄小虎等建议效仿国资委设立自然资源国资委，从政府部门中剥离所有者职责，以达到与行政监管权相分离之目的。❹

2. 储备土地作为一级市场供应的必要条件

一部分学者认为，城市一级市场供应必须经储备后才能出让，

---

❶ 王文革：《城市土地市场供应法律问题》，法律出版社 2005 年版，第 39~42 页。

❷ 崔建远、陈进：《土地储备制度的现状与完善》，中国人民大学出版社 2014 年版，第 261~262 页。

❸ 参见王文革：《城市土地市场供应法律问题》，法律出版社 2005 年版，第 61~73 页；朱少平："探索国资管理新体制　加快国有资产法立法"，载《中国证券报》2003 年 6 月 8 日。

❹ 参见杜群、康京涛："自然资源国家所有权行使主体改革的设想——设立自然资源'国资委'的初步思考"，载《江西社会科学》2016 年第 6 期，第 163 页；黄小虎："把所有者和管理者分开——谈对推进自然资源管理改革的几点认识"，载《红旗文稿》2014 年第 5 期。

储备后的土地为熟地供应，可以减少中间环节的风险、增加房产开发的透明度。❶另外，根据地区实践，近几年各地利用土地储备制度从供应角度倒叙关联收储，涌现了诸多片区收储保障地区重大建设项目落地的做法，在供应端显现出供应的规模化、高质量化。如刘蓓蓓、唐火庆介绍，实施以片区开发为主的土地储备模式，建立分级、分时序的土地储备项目管理制度，推进土地储备工作效率，按照节约集约用地和高质量发展要求，对应土地储备项目库，向匹配的高能级产业项目对接供应。❷

3. 补充储备土地租赁供地模式

在土地一级市场上，租赁供地模式是出让供地模式的补充，可有效缓解企业无法一次性缴纳土地出让金的困难。刘璐、高圣平建议依据香港批租制法律，效仿其分别设立短中长等三种租期，重新设立我国供地规则。❸甄子昊、周梦懿则提出收缩型城市概念，认为城市发展进入后期阶段将逐步放缓、部分城市将出现收缩现象，在此背景下我国工业用地供应年限过长，建议对工业用地供应采取先租赁后出让方式。❹

4. 优化土地供应地类结构

在储备土地供应结构上，学界普遍呼吁强化储备土地供应机制完善，通过合理配置经营性用地与公益性用地供给比例，实现耕地和生态用地保护、完善保障性住房用地供给等多元制度目标。如郭洁、赵宁建议以保障房用地优先性、独立性原则为基本依循，建立独

---

❶ 盛雷鸣主编：《土地储备法律问题研究》，法律出版社 2007 年版，第 194~195 页。

❷ 刘蓓蓓、唐火庆："关于片区项目引导土地储备高质量发展的思考"，载《中国土地》2021 年第 11 期，第 36~37 页。

❸ 刘璐、高圣平："土地一级市场上租赁供地模式的法律表达——以《土地管理法》的修改为中心"，载《上海财经大学学报》2012 年第 2 期，第 19~25 页。

❹ 甄子昊、周梦懿："收缩型城市的土地问题及其法律解决"，载《学术交流》2020年第 4 期，第 114~115 页。

立的保障房用地土地储备制度，保障该类住房用地的土地供给。[1]还有学者提出了差别化供地制度设计。如刘学兵建议通过地区差别化、城乡差别化、项目差别化，在供应形式、出让方式、用地规划指标等各项目上设置不同供地模式。[2]

五、研究总结

（一）土地储备制度现有研究评析

总体观之，土地储备制度研究在过去一段时间热度较高，涌现了颇多学术成果，但在国家部署生态文明体制改革后，特别是在《土地管理法》修订后，法学界对制度关注度较低，现有研究与改革背景结合性不强。具体呈下述特征：

第一，研究时效性不强。以 2016 年为分界线，法学界在此之前产出的研究成果较多，但在此之后学者们关注度骤减，对比我国土地用途管制、土地利用规划、土地有偿使用等其他制度的完善，我国土地储备制度研究明显滞后。

第二，理论研究不足。学界围绕土地储备制度多以描述实践现象为核心，尤其是在制度运行研究上，多采陈述式方式，理论深度不足。在理论选择方面，以经济学理论为基础，法学理论供给较少。

第三，市场规制研究阙如。从主体观之，研究仅对土地储备机构的行政隶属与独立法人地位进行了讨论，但实践中仍存在地区土地管理委员会、公司化土地储备主体，学界尚缺乏对社会土地储备主体的规制研究。从运行阶段观之，现已明确土地储备机构参与前

---

[1] 郭洁、赵宁："论保障房用地法律制度的创新"，载《法学杂志》2014 年第 1 期，第 73~79 页。

[2] 刘建兵："关于土地差别化供应的探讨"，载《城市建设理论研究》2014 年第 36 期。

期开发整理须经招标委托工程施工单位实际运行，对相关主体的资质准入亦缺乏规制探讨。

第四，制度的公益目标难成体系化。学界普遍赞同土地储备制度的公益性目标，但多数学者仅从单一角度讨论土地储备制度目标，欠缺对公益目标协同化、一以贯之的整合，研究结论与实践存在脱节。

（二）土地储备制度研究启示

基于上述研究梳理，笔者认为，未来对土地储备制度的研究思路应立足于优化旧有制度基础，紧扣自然资源产权改革背景，突出制度落实所有者职责的功能定位，实现功能扩充：

第一，重新界定土地储备制度的含义及功能定位。在功能定位上，土地储备制度应继续保留并优化原有公益目标，包括调控土地市场、增强土地市场保障能力、促进土地资源的高效配置，另外宜明确加入管护全民所有土地资源资产、保障公益用地供给（保障性住房、公益事业用地、公共基础设施用地等）、落实国土空间规划、助推国家重大项目落地、盘活低效闲置土地等功能要素，明确制度设立的公益性定位。

第二，在全民所有自然资源资产委托代理机制下，优化土地储备制度中主体行权模式。根据改革要求，土地等自然资源委托代理的对象是所有者职责，须依据清单化管理明确各级履职人与职责范围。目前，我国土地储备机构多设置于市、县一级，部分省级政府设立了实物土地储备制度。我国未来在明确中央、省、市（县）级土地资源资产委托代理清单后，应依据清单层级设立土地储备机构。

第三，明确土地储备机构的法律地位。过去，学界关于土地储备机构与地方政府间关系以行政委托说为主流。未来，土地储备机构应依据各省、市委托代理人的层级与具体内容，完成隶属的转变，土地储备机构法律属性仍需进一步明晰。

第四，完善土地储备的配套制度设计。包括但不限于土地储备计划、土地储备规划、土地储备临时利用，这其中土地储备计划偏公法属性，须依循国土空间规划等上位计划法为依循。另外，如储备土地的临时利用、管护等，需要依循民法视角进行设计，经济法应考虑关注储备土地临时利用市场规制等。

Summary of Legal Issues of Land Reserve System in China

Jiang Xin

Abstract: The land reserve system is closely related to the property right reform of natural resources. Sorting out the previous research on the legal issues of the land reserve system is not only a continuation and deepening of the original system, but also a logical follow to accurately locate the starting point of the land reserve system research under the framework of reform. Following the research perspective of the subject, object and operation process of the legal system, it is found that the existing researches have fully analyzed the problems in the land reserve system, such as the unclear legal subject, the mixed state ownership of land and the right of supervision, and the deviation of the public welfare goal of land acquisition and storage practice. However, there are still some unsolved problems, such as disconnection between improvement suggestions and practice, fragmentation of research results and weak timeliness of research results. In particular, the existing research is difficult to connect with the ecological civilization system reform, and the legal research perspective of land reserve system implementation of owners' rights and interests, to promote the preservation and appreciation of land assets is lacking. Therefore, the future research on the land reserve system should expand the function of the original system, clarify the legal status of the

185

main body of the land reserve system, optimize the exercise mode of the owner's responsibility subject, and establish and perfect the supporting system arrangement by redefining the concept and functional positioning of the system.

Keywords: Land reserve system, State ownership of land, Land regulatory authority, Method of collection and storage